GONGXI
JINGJI
PINGTAI GUANLI

共享
经济平台管理

张喜征　芦冬青　刘　琛　编著

湖南大学出版社·长沙

内 容 简 介

共享型平台企业的大量出现和迅猛发展萌生了共享经济，即一种资源交换与分享模式，人们利用移动互联网技术建立平台，在平台上进行闲置资源的交换与分享。本书既从微观层面探索了共享经济平台企业的管理体系，还从宏观层面探索共享经济平台的社会规制共同治理体系。具体包括共享经济平台战略管理、商业模式、融资管理、定价管理、营销策略、HR管理、公共关系管理、技术与数据管理、支付与安全管理等内容，本书内容对共享经济平台企业的管理与创新有一定的指导意义。

本书可作为管理类或电商类专业教材，同时可作为共享经济或共享经济平台管理者的参考书。

图书在版编目（CIP）数据

共享经济平台管理/张喜征，芦冬青，刘琛编著 .—长沙：湖南大学出版社，2020.12

ISBN 978 - 7 - 5667 - 1868 - 6

Ⅰ.①共…　Ⅱ.①张…②芦…③刘…　Ⅲ.①商业模式

Ⅳ.①F71

中国版本图书馆 CIP 数据核字（2019）第 278393 号

共享经济平台管理
GONGXIANG JINGJI PINGTAI GUANLI

编　　著：	张喜征　芦冬青　刘　琛
责任编辑：	李　婷　郭　蔚
印　　装：	广东虎彩云印刷有限公司

开　　本：710 mm×1000 mm　16 开　　印张：9.75　字数：191 千

版　　次：2020 年 12 月第 1 版　　印次：2020 年 12 月第 1 次印刷

书　　号：ISBN 978 - 7 - 5667 - 1868 - 6

定　　价：40.00 元

出 版 人：李文邦

出版发行：湖南大学出版社

社　　址：湖南·长沙·岳麓山　　邮　　编：410082

电　　话：0731-88822559（发行部），88821594（编辑室），88821006（出版部）

传　　真：0731-88649312（发行部），88822264（总编室）

网　　址：http://www.hnupress.com

电子邮箱：wanguia@126.com

前　言

近年来，在新的信息技术和激励政策的推动下，共享经济的潮流席卷全球，共享领域不断扩大，市场规模迅速增长，许多"独角兽"平台公司应运而生，竞争激烈，共享经济行业格局变化迅速。

共享经济这个术语最早由美国德克萨斯州立大学社会学教授马科斯·费尔逊（Marcus Felson）和伊利诺伊大学社会学教授琼斯潘思（Joel. Spaeth，1978）在其论文中提出，但共享经济模式广泛流行却是近几年的事。共享经济是通过互联网平台将分散资源进行优化配置，将所有权与使用权的相对分离，进行供给侧与需求侧的弹性匹配，从而实现动态、实时、精准、高效的供需对接；它倡导共享利用、集约发展、灵活创新、人人参与、人人享有的发展理念，不仅有利于消费使用与生产服务的深度融合，也提高了资源利用效率，促进了经济发展。

随着技术和商业模式的不断成熟，用户的广泛参与以及大量资金的流入，国内共享经济头部企业的规模和影响迅速扩大。虽然发展时间稍慢于美国，但中国的共享经济产业在发展规模、公司估值和资本热度方面均处于世界领先水平。自 2016 年以来，中国的共享经济市场规模持续增长，年均增长率超过 40%；到 2018 年，交易规模达到 29420 亿元，直接融资规模约为 1150 亿元，参与人数达到 7.6 亿。未来三年，中国共享经济仍有望保持年均 30% 以上的增长率。

共享经济背后的力量是云计算，共享经济是对分散的资源进行逻辑上的云化，并进行大规模的匹配计算，从而实现资源共享。将分散资源进行逻辑上的聚合化和云化是共享经济最重要的特征。本书对共享经济商业模式在不同行业领域不断扩散的趋势进行了分析，对共享经济平台的进入、构建、创新、战略及管理进行了总结；本书对共享经济平台定价、支付、融资、营销、数据管理、人力资源管理等方面展开了讨论，分析了其特点，制定了相关流程和策略。

本书第一章主要介绍了共享经济平台的兴起、相关概念与发展趋势；第二章介绍了共享经济平台战略的分析、制定、落地及演化；第三章介绍了共享经济平台商业模式的类型、分析、评价及创新；第四章介绍了共享经济平台融资现状、融资方式及资本退出形式；第五章介绍了共享经济市场环境分析、平台市场定位，对应的营销策略及实施方案；第六章分析共享经济平台客户关系，跟进共享经济平台政府支持策略，制定共享经济平台媒体维护策略和运营危机管理策略；第七章分析了共享经济平台人力资源管理的类型和特点，介绍共享经济平台人力资源的获取、培训、薪酬管理、保留与退出；第八章分析了共享经济平台服务的定价策略、支付策略、支付流程、支付管理及安全管理问题；第九章介绍了共享经济平台基本架构、数据管理策略、数据分析与数据安全；第十章分析了共享经济平台运营中面临的道德和法律问题，介绍共享经济平台用户隐私权和知识产权管理现状以及共享经济平台运营中所面临的社会问题。其中，第一、二、三章由刘琛组织撰写，第四、五、六、七章由芦冬青组织撰写，第八、九、十章由张喜征组织撰写。本书撰写过程中参阅并引用了大量文献（见各章参考文献），我们在此向原作者表示感谢和尊重。尽管我们在写作过程中再三推敲，反复求证，但由于水平有限，难免有错漏之处，敬请各位读者不吝指正。

　　　　本书的顺利出版得到了国家自然科学基金项目（71571066）和湖南大学工商管理学院学科建设资助，在此特别致谢！另外还要感谢湖南大学出版社的大力支持。

目 次

第一章 共享经济平台概述

第一节 共享经济的兴起

一、共享经济的发展背景

早在 1948 年，苏黎世就出现了汽车共享。但由于信息成本高昂而难以规模化、信任问题等导致汽车共享长时间内仅停留在小而紧密的社区内。近年来，得益于互联网与数字技术的快速发展，线上共享活动增长迅速，催生了颇具规模的共享经济浪潮。[1]

2007 年至 2013 年是共享经济的爆发阶段。2008 年短租领域的代表 Airbnb 和众筹界的明星 Kickstar 成立；2009 年共享出行的代表 Uber 和跑腿网站 TaskRabbit 成立；2010 年食品共享网站 Grubwithus 成立。[2]此后，欧美地区以外的亚太、非洲等地区的百余个国家也开始尝试基于共享经济的商业模式。

越来越多的实践案例逐渐加深了社会各界对共享经济的了解，许多原来对共享经济持有怀疑、压制态度的国家政府开始接受，甚至大力支持这个新生事物。如，美国政府于 2012 年 4 月颁布《2012 年促进创业企业融资法》，成为了世界上第一个将股权众筹合法化的国家。2014 年至 2015 年 8 月，美国共计有 54 个城市和州通过了专车合法化的城市条例。荷兰阿姆斯特丹于 2014 年 2 月完成了对 Airbnb 等家庭酒店业的立法监管工作，成为了世界上第一个对共享短租立法的国家。英国于 2014 年 9 月宣布将把英国建设成为全球共享经济中心及欧洲共享经济之都，并陆续颁布了大量鼓励共享经济发展的政策，如积极清除阻碍短期租赁发展的法律障碍，激励人们积极参与房屋短租等。2015 年，澳大利亚政府在"悉尼 2030"城市发展规划中重点强调了"汽车使用共享"，计划采用政府主导、企业运营的模式推进汽车共享。[3]

中国的共享经济起步较晚，2011 年后才开始快速发展。尤其是近年来，中国经济进入新常态，人们的消费观念发生了巨大变化，更多人选择以共享经济的方式生活，促进了中国共享经济平台的迅速发展。在很短的时间内，我国共享经济就在创新探索、国际影响力等方面走到了世界前列。以共享单车为例，国外的共享单车大部分是传统的插卡缴费、固定位置停车，而中国的共享单车借助移动支付、GPS定位、APP扫码等最新科技，打造了全新的商业模式。除此以外，中国还是全球第一个承认网约车合法地位的国家。[3]

在发展规模、企业估值和资本热度上，中国共享经济行业也处于全球领先水平。2015年，全球共享经济规模为2519亿美元，其中中国市场占比33%；2018年中国共享经济交易规模达29420亿元，比上年增长41.6%。未来三年共享经济整体年均增长率有望保持在30%以上。[4]

自"共享经济"的概念在2016年中央"十三五"规划纲要中首次提出以来，政府始终坚持战略层高度开放，但在战术层面，因为共享经济诞生较晚，政府仍然在不断探索和尝试。[5]具体政策见表1.1。

表1.1 近年来中国共享经济领域出台的部分文件

日期	部门	文件名称
2016年3月	国家发展改革委、中宣部等十部门	《关于促进绿色消费的指导意见》
2016年4月	国务院办公厅	《国务院办公厅关于深入实施"互联网＋流通"行动计划的意见》
2016年5月	国务院	《关于深化制造业与互联网融合发展的指导意见》
2016年8月	国家发展改革委、交通运输部	《推进"互联网＋"便捷交通促进智能交通发展的实施方案》
2017年2月	国务院	《"十三五"促进就业规划》
2017年7月	国家发展改革委、工信部等八部门	《关于促进分享经济发展的指导性意见》
2017年8月	交通运输部、住建部	《关于促进小微型客车租赁健康发展的指导意见》
2018年5月	国家发展改革委	《关于做好引导和规范共享经济健康良性发展有关工作的通知》
2018年9月	交通运输部	《交通运输部办公厅关于开展网约车平台公司和私人小客车合乘信息服务平台安全专项检查工作的通知》
2019年7月	文化和旅游部	《旅游民宿基本要求与评价》

二、共享经济平台的发展背景

领先公司的成功带领许多企业家加入共享经济，平台公司也在不断增加。

早期的共享经济平台主要诞生在汽车和住房共享领域，然后迅速向物流、教育、金融、食品、航天、医疗保健、基础设施等领域渗透，下个阶段，还将继续向能源、生产、农业和城市建设等更多领域延伸。

首先，共享经济领域的投资机构数量快速增长。Crowd Companies 的数据显示，2010 年，投资共享经济的美国机构不到 20 家，短短 5 年时间，这一数字增长至 198 家。[3]

其次，共享经济领域出现了许多"独角兽"公司。CB Insights 在 2016 年 2 月的调查数据显示，全球有 151 家市值超过 10 亿美元的共享经济平台，包括共享房屋领域的 Airbnb、途家网，共享办公空间的 WeWork，共享网络存储空间的 Dropbox，共享汽车的滴滴出行、Uber，共享开源软件的 Github，生活服务类的饿了么、Instacart，共享医生咨询和预约的挂号网，共享邻里信息的 Nextdoor，提供金融 P2P 服务的 Funding Circle 等。特别值得注意的是，大多数"独角兽"共享平台仅仅用了不到 5 年的时间就实现了上亿甚至上百亿美元的市场估值。[3]

从中国的发展实践看，共享经济平台的发展大体经历了三个阶段：

一是萌芽阶段（2008 年之前）：自 20 世纪 90 年代以来，Craigslist，Napster，Zipcar 和其他共享经济平台在美国逐渐兴起。同时，国内互联网产业开始起步，一大批海归响应国家号召回国创业，创建了一批基于互动式问答的知识共享网站和众包平台，如创建于 2003 年的 K68 平台，以及创建于 2006 年的猪八戒网等。

二是起步阶段（2009—2012 年）：在共享经济席卷全球的大环境下，国内许多共享领域开始出现代表性企业，如住宿共享领域的小猪短租、出行共享领域的滴滴出行、旅游共享领域的途家网、金融共享领域的人人贷、餐饮共享领域的饿了么等。

三是快速成长阶段（2013—2017 年）：伴随着科技的快速发展、商业模式的逐渐成熟、用户的广泛参与和资金的大量涌入，共享经济领域的企业数量快速增长，代表性企业的规模和影响力迅速扩大，部分企业开始探索全球化扩张。

四是拓展阶段（2018 年至今）：中国共享经济保持高速增长，尤其是向生产制造领域加速渗透，产能共享加速发展；生活服务领域经过前几年的高速发展后，现阶段发展速度有所放缓。

中国共享经济起步较晚，但相关"独角兽"公司发展迅速。如图 1.1，截至 2018 年底，全球 305 家"独角兽"共享企业中有 83 家中国企业，占比达到了 27.2%，其中属于典型共享经济型企业的有 34 家，占到了中国"独角兽"

企业总数的 41％。2018 年，又有 11 家中国共享企业进入该榜单，包括丁香园、哈啰出行、艾佳生活、闪送、满帮集团、爱回收、曹操专车、医联、新氧科技、美菜和一起作业等。

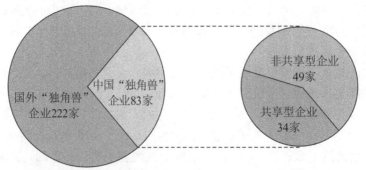

图 1.1　2018 年全球及中国"独角兽"企业情况

三、驱动力量

（一）提高收入的意愿

2008 年，在国际金融危机的冲击下，西方很多国家的居民为了缓解生活压力，通过出租共享自己的住房来获得额外收入，因此，2008 年的金融危机也被很多人视为共享经济的重要驱动因素之一。共享经济能够有效缓解经济下行给人们带来的收入压力，使人们能够灵活利用碎片化时间或共享丰富多样的资源，得到更多创造价值和增加收入的机会。

（二）用户需求的增长

随着社会工业化进程的基本达成，消费者的物质生活得到了极大丰富，导致消费者需求水平不断提高，消费观念也发生了很大改变，开始追求体验的个性化。传统方法无法满足用户不断增长的多样化需求，并且存在许多问题，例如供需对接不良、成本高、效率低、结果差以及缺乏完整性。相比之下，共享经济可以提供更好的用户体验，解决这些问题，更能满足消费者日益增长的消费需求。

（三）生活理念的转变

近年来，人们的环保意识普遍增强，越来越多的人选择绿色健康的生活方式。放弃过度消费，共享经济的理念提倡将资源充分利用，满足不同的需求，避免资源闲置，提高整个社会的资源利用率，这与社会普遍的环保需求不谋而合。此外，在互联网时代长大的年轻一代与父母有着完全不同的消费观念，他们更乐于共享的特质也在一定程度上推动了共享经济的发展。

（四）灵活就业的追求

工业时代的人们像机器一样工作，但今天的年轻人不再能适应压力大且机械化的工作，转而选择自由职业，他们对弹性就业的追求显著促进了共享经济的发展。共享经济平台创造了庞大的自由就业岗位，与正式就业相比，共享经济让人们更自由地参与社会生产过程，减少个人对社会的依赖。

（五）信息技术的推动

互联网独特的开放性和协作性加速了共享经济时代的来临，信息技术创新已成为推动共享经济发展最强大的驱动力，其影响见表 1.2。随着智能终端的普及以及移动互联网的发展，人们可以借助移动支付和基于位置的服务，实现便利的互联和快速的共享。大数据通过快速准确地匹配资源的供应端和需求端，能够显著减少个体间碎片化交易的成本。社会信用评级体系的成熟和社交网络的迅速发展导致了新的信任关系的形成。

表 1.2　对共享经济影响较大的数字技术

技术名称	对共享经济的影响
云计算	降低了技术开发成本，数据访问的灵活性、移动性、扩展性等性能得以提升。
大数据	使得海量订单的高效处理访问成为可能，且能实现供需双方的精准匹配，提高交易撮合率。
在线支付	以支付宝、微信支付等为代表的第三方支付工具逐渐成熟，为共享经济平台的各类应用提供了极大的支付便利，并保障了双方的财产安全。
移动 LBS 技术	能够实时定位消费者的地理位置，使得共享经济平台可以匹配最快响应、最近距离的服务资源。
其他新兴技术	虚拟现实技术、社会征信技术、数字货币等，这些技术的成熟都为共享经济的进一步发展创造了条件。

（六）资本市场的热捧

近年来，共享经济企业逐渐成为资本市场关注的热点。据 Crowd Companies 统计的数据显示，2010 至 2013 年，全球共享经济投资总额达到 43 亿美元；2014 年开始，共享经济领域的投资金额出现井喷，2014 到 2015 短短两年，流入共享经济领域的资金达到 227 亿美元，是 2010 到 2013 年的总投资额的 5 倍。从共享经济企业的单次融资来看，从 2014 年开始，风险投资对于共享经济的平均单次投资额度开始大幅上升。2015 年，平均单次投资额已达到1.58 亿美元，其中 Uber 在 2014 年的单次融资额高达 12 亿美元，滴滴出行在2015 年单次融资达 20 亿美元。国家信息中心研究报告显示，2016 年中国共享经济领域融资规模为 1710 亿元,[3] 2017 年中国共享经济领域融资规模为 2160 亿元,[6] 增速远超互联网整体投资水平。

第二节　共享经济相关概念和特点

一、共享经济相关概念

（一）共享的概念

共享是对不计算投资回报的经济产品及服务的分配,是人类经济社会最普遍的行为,[7] 也是根据个体需求彼此交换的分配行为和过程。[8] 随着互联网的发展,共享的范围与内容不断扩大和丰富,人们的"共享圈"从亲朋好友扩大到公众、社区这样广泛的圈子。[9][10] 通过网络,人们既可以共享有形的物品,也可以共享信息、观点、知识等无形物品。因而,信息化时代的共享不仅是资源联合与分配的行为,还被赋予更复杂的内涵,也是信任、理解、开放、互助的人际关系形成的过程。

（二）共享经济的概念

1978 年,美国德克萨斯州立大学社会学教授 Marcus Felson 和伊利诺伊大学社会学教授 Joel. Spaeth 最早在论文中提出了共享经济的概念。2014 年,"共享经济"被彭博社评选为"历史上 85 个最具颠覆性的商业理念"。共享作为一种消费方式已受到学术界和商业界越来越多的关注,其意义不同于租赁经济或平台经济。

1. 共享经济与租赁经济的区别

很多学者从转让使用权出发,把共享经济看作租赁经济的一种形式。比如,认为共享经济是一种个体间基于耐用品短期租赁的经济模式,或者认为共享经济是基于互联网平台的闲置资源租赁市场。[11] 但他们忽略了共享经济与租赁经济之间存在三个差异:首先,共享经济的交易主体更丰富,企业和个人都可以是租赁产品的提供者;其次,共享经济的交易标的物涵盖范围更广,有形的物品、无形的技能甚至资金都可作为标的物,通过共享的方式进行交易;最后,共享经济并不一定是以营利为目的,人们利用物品、服务或财产参与共享经济,并不一定是为了营利,也可能是基于环保、文化、社交等原因。[12] 因此,用租赁经济来描述共享经济有局限性,可能会忽视共享经济的广度与深度。

2. 共享经济与平台经济的区别

共享经济也被很多观察者视为平台经济的延伸。例如, Horton 和 Zeckhauser[11]及马化腾[2]都认为平台是共享经济中必不可少的组成部分。

共享经济的典型代表 Airbnb 和 Uber 都具有显著的平台经济特征。但 Airbnb 和 Uber 是典型的存量共享模式，主要共享的是个人闲置资源，与之相对应的还有增量共享模式，如共享汽车 Zipcar，增量共享模式增加了共享商品总量，企业将购买得到或自行生产的新增商品的使用权通过互联网匹配给需要的消费者。随着共享单车和共享汽车的快速推广，增量共享模式的影响力也迅速扩大，成为和存量共享模式并肩的共享经济模式。共享经济将社会上海量、分散、闲置的资源等，进行平台化、协同化的集聚、复用与供需匹配，从而实现经济与社会价值的最大化利用。

（三）共享经济平台的概念

共享经济平台是由商业机构、组织或政府等第三方创建的，基于信息技术的交易平台。用户可以通过平台共享闲置物品、知识和技能，或为企业、创新项目筹集资金。共享经济平台一般包含需求方、供给方和平台三大主体。共享经济平台通过建立一套机制（例如移动 LBS 应用程序，动态算法和定价以及各方之间的相互评估系统）来架起供需双方之间的桥梁，使供需双方通过共享经济平台进行交易。

二、共享经济的特点

（一）技术特征

首先支撑共享经济的是技术，没有技术的发展社会是无法进入到共享经济阶段的，互联网使得供给方和需求方能够快速地建立联系；移动支付技术使得共享经济的交易变得高效、安全；互联网技术使得任何物品之间都能连接起来，进行信息交换，以实现智能化识别、定位、追踪、监控和管理。

（二）主体特征

共享经济属于典型的双边市场，受网络外部效应的影响，一方参与者越多会使得另一方的收益越大。拥有一定的资源和一技之长的普通用户，借助开放的互联网能够非常方便地参与共享经济。在共享经济中，参与者往往既是生产者又是消费者，个体的潜力与价值得到最大程度的展现。

（三）客体特征

共享经济共享的是闲置或盈余的资源。当今社会普遍存在资源的闲置与浪费现象，如多余的汽车座位、空置的房屋或房间、闲置的工厂设备、空闲的个人时间等，共享经济就是要通过互联网整合海量、分散的闲置资源，让它们物尽其用，同时满足社会日益增长的多样化需求。

（四）行为特征

共享经济强调分离所有权和使用权，借助以租代买、以租代售等形式分享物品、知识或技能的部分使用权，让资源实现利用效率的最大化。从实践发展的角度来看，未来，共享经济模式将应用到更多领域。

（五）文化特征

共享经济体现出人们对于使用物品的观念正在发生变化，人们不再强调占有，而逐渐转变为共享，通过分享物品、知识或技能，获得额外收入的同时提高了资源的利用率，也保护了生态环境，共享文化正在逐渐成为社会普遍接受的新兴文化。[13]

三、共享经济的类别

（一）按共享对象类型分类

按共享对象类型分类，可将共享经济分为产品共享（如自行车、汽车、充电宝、服装等）、空间共享（如办公空间、住房空间、停车空间等）、知识共享（如知识分享、能力培训、经验共享等）、技能共享（如家政服务、跑腿服务等）、资金共享（如 P2P 借贷、产品众筹、股权众筹等）、生产能力共享（如工厂设备、农机设备、信息基础设施等）等六大类，典型代表如表 1.3 所示。

表 1.3　共享经济平台类别（根据共享对象类型分类）

共享对象类型	典型代表
产品共享	滴滴出行、Uber、RenttheRunway、易科学等
空间共享	Airbnb、小猪短租、Wework、Landshare 等
知识共享	知乎网、Coursera、名医主刀等
技能共享	猪八戒网、河狸家、阿姨来了、京东到家等
资金共享	LendingClub、Kickstarter、京东众筹、陆金所等
生产能力共享	沈阳机床厂的创新系统、阿里巴巴"淘工厂"等

（二）按是否营利分类

有学者认为，共享经济并不总是具备营利的条件，例如，Juliet Schor[14]将平台划分为营利性的和非营利性的，并认为那些经营公共非营利组织的共享经济平台实际上在充当"公共物品"，许多公共物品具有 B2P 的结构，而不是P2P 结构（表 1.4）。

表 1.4　共享经济平台类别（根据是否营利分类）

平台定位	提供商	
	P2P	B2P
非营利	Food Swaps Time Banks	Makerspaces
营利	Relay Rides Airbnb	Zipcar

（三）按供给方和需求方的主体类型分类

从供给方和需求方的主体类型来看，共享经济主要有四种类型并形成相应的四种基本的商业模式，包括 C2C、C2B、B2B 和 B2C（表 1.5）。

表 1.5　根据供给方和需求方的主体类型分类

供给方	需求方	
	个人	企业
个人	C2C	C2B
企业	B2C	B2B

第三节　共享经济平台发展趋势

一、稳步增长

共享经济已成为社会经济发展新动能，随着政策的逐步规范，公众认知的不断提升，行业将继续保持快速有序的发展态势。2017 年 1 月，国务院办公厅发布了《关于创新管理优化服务培育壮大经济发展新动能加快新旧动能接续转换的意见》（以下简称《意见》），《意见》明确提出要将共享经济打造成为新的经济增长引擎。[15] 2019 年，国际和国内宏观经济发展速度放慢，资本市场更加理性和审慎，共享经济的发展面临越发严峻的外部条件，具有更大的不确定性，但仍然存在许多有利因素，如为了有效应对经济下行压力，为经济增长注入新动力，有关部门在针对共享经济的监管政策上会更倾向于"包容审慎、鼓励创新"，此外，民众为了应对就业、消费等压力，会更积极地参与到共享经济的活动中，以获取更多收入和就业机会；共享经济商业模式更加成熟，协同治理体系更趋完善，平台合规化水平大幅提升，这也是共享经济持续稳步发展的重要保障。国家信息中心分享经济研究中心预计，共享经济在未来三年仍将保持 30％以上的增长率。[4]

二、加速融合

当前，我国经济已由高速增长阶段转向高质量发展阶段，正处在转变发展方式、优化经济结构、转换增长动力的攻关期，这为共享经济与实体经济融合发展带来了重大机遇。

就广度而言，当前我国共享经济蓬勃发展，正在从起步期走向成长期。未来几年共享经济将从消费服务领域渗透到生产制造领域，从面向个人的服务扩展到面向企业的服务，提高企业的交易效率和生产效率。尤其是制造业产能共享融合了我国制造业大国和互联网大国两大优势，通过提升资源利用率、重构供需结构和产业组织、为中小微企业赋能，可以形成叠加效应、聚合效应和倍增效应，为激发创新活力、培育发展新动能、有效推进供给侧改革提供了强大动力。制造业领域蕴含着巨大的机遇，将成为共享经济的主战场。

就深度而言，共享经济与实体经济的融合将从多方面进行，包括技术融合、数据融合、产业融合、虚拟实物融合、生产消费融合等。共享思维将全面贯穿在实体经济的创建、就业、研发、设计、生产、销售和服务等过程中。

三、重塑就业

共享经济的快速增长将改变基于工业化和泰罗制的就业模式，从而产生新的、灵活的就业形式。在新一轮技术产业革命中，共享经济能够提升创造就业机会和适应就业市场的能力，创造大量灵活就业岗位，缓解结构性失业。2020年，共享经济产业中提供服务的人员数量将超过 1 亿，其中约 2000 万为全职参与者。共享经济的发展将有效地应对因经济增长放缓和技术进步而造成的就业压力。

同时，共享经济平台上的就业质量要好于传统的非正规就业，甚至部分指标要好于传统的正规就业，平台不仅仅为人们提供了更加灵活的就业机会，也使人们更自由地参与社会生产过程，减少他们对组织的依赖，激发了普通劳动者的企业家才能。个体将拥有越来越多的自主权，而不再是仅仅属于某些特定的企业或者机构，共享经济的发展将为个人灵活就业或者创业，以及社会互动提供更广阔的平台。[6]

四、技术升级

未来，人工智能技术将在共享经济的核心领域（如出行、住宿、医疗等）产生重要影响，特别是对于平台中的网络与信息安全监管、风险防控、内容治理、身份核验、服务评价、辅助决策等环节具有巨大的应用潜力和前景，技术应用速度将继续加快。

在共享出行领域，人工智能技术将专注于各种出行场景的创新应用。无人驾驶是最重要的发展方向和技术应用场景。未来，无人驾驶将基于大数据和人工智能算法分析，使共享出行实现从"人找车"到"车找人"的转变，还将有助于城市交通部门实现对路况做出更准确的预测，显著提高整个城市交通系统的运行效率和城市居民的出行质量；在共享住宿和共享金融等领域，基于生物特征识别技术的人工智能技术将成为风险防控的重要工具；在共享医疗领域，以深度学习、大数据处理、图像识别等为代表的人工智能技术，逐渐在远程医疗、全科医生辅助服务、医护人员培训、诊断治疗、病理切片分析等方面成为医生的重要助手。此外，区块链、5G 等新兴技术的迅速发展和有效应用也将为共享经济的发展提供新的助力。

五、全球布局

在经济全球化的大背景下，许多创建时间较早、规模较大的共享经济企业已经开始全球化的业务布局。共享经济模式具有天然而开放的特性，很多共享经济公司从创立初始就致力于全球化，如 Wi-Fi 万能钥匙、住百家等。一些区域代表企业例如滴滴出行、猪八戒网、小猪短租、名医主刀等在巩固区域龙头地位后，也开始全球化布局。而我国相对于其他国家，拥有独特的网民红利、大国市场优势、转型机遇等诸多优势，为我国共享经济企业的创新发展及全球化进程提供了强大的助力。

与此同时，越来越多的平台公司开始实施生态扩张战略。比如说，为了进一步强化竞争优势，交通、生活服务等共享经济领域的"独角兽"公司会依托现有的客户资源、用户数据和技术能力进行生态扩张。基于庞大的用户群和海量大数据的深度挖掘，平台公司将继续拓展业务领域，通过开放平台开展战略合作，逐步开放用户、需求和流量入口，从而降低用户获取成本，提高用户转化能力，改善在线和离线服务。使共享经济平台的参与主体更多元、权责更明确、合作更紧密，并为用户提供更加丰富、高效、准确的增值或者配套服务，最终形成高度开放、充满活力、协作性强的创新生态系统。

六、协同监管

　　未来，共享经济领域将保持强监管的发展趋势，各项整治行动和监管措施将继续延续。由于共享经济领域的创新异常活跃且新业态不断涌现，导致行业不断面临新的挑战，有必要不断更新监管法规和政策。同时，有关部门将根据共享经济领域的特殊规定和政策要求，针对共享经济的重点领域（包括出行、网络内容、住宿、医疗、金融等），并围绕服务商资质许可、服务规范、安全和应急保障等方面，展开规范化管理。[4]

　　除了促进共享平台的合规化外，还必须推进建设共享经济行业的自律和标准化体系。目前，共享经济行业经过多年的发展，已经基本满足了全面推进共享经济标准化体系建设的条件。一方面，传统的离线商务服务标准很难直接应用于在线平台，迫切需要制定各种适应共享经济特点的服务标准。另一方面，许多发展较快的共享经济领域和代表公司都有各自的商业模式，其运营模式也日趋成熟，为制定共享经济的行业标准奠定了较好的基础。

参考文献

[1] 高素英，张烨，马晓辉. 共享经济内涵及研究领域的定量分析 [J]. 技术经济与管理研究，2019 (9)：98 - 102.

[2] 马化腾. 分享经济：供给侧改革的新经济方案 [M]. 北京：中信出版社，2016.

[3] 程晓波. 中国共享经济发展年度报告 (2016) [R]. 北京：国家信息中心分享经济研究中心，2016.

[4] 程晓波. 中国共享经济发展年度报告 (2019) [R]. 北京：国家信息中心分享经济研究中心，2019.

[5] 艾瑞咨询. 中国共享经济行业及用户研究报告 [R]. 北京：艾瑞咨询，2017.

[6] 程晓波. 中国共享经济发展年度报告 (2017) [R]. 北京：国家信息中心分享经济研究中心，2017.

[7] Price J A. Sharing：the integration of intimate economies [J]. Anthropologica, New Series，1975，17 (1)：3 - 27.

[8] Belk R W. Why not share rather than own [J]. Annals of the American Academy of Political and Social Science，2007，611：126 - 140.

[9] Belk R. Possessions and the extended self [J]. Journal of Consumer Research，1988，15 (2)：139 - 168.

[10] Albinsson P A, Perera Y B. Alternative market — places in the 21st century：building community through sharing events [J]. Journal of Consumer Behaviour，2012，11

(4)，303 - 315.

[11] Horton，J. ，Zeckhauser，R. Owning，Using，and Renting：Some Simple Economics of the Sharing Economy [J]. NBER Working Paper Series，2016 (22029).

[12] Bocker，L. ，Meelen，T. Sharing for people，planet or profit? Analyzing motivations for intended shating economy participation [J]. Environmental Innovation and Societal Transitiongs，2016 (9).

[13] Hamari，J. Sjoklint，M. ，Ukkonen，A. The sharing economy：why people participate in collaborative consumption [J]. Jouranl of the Association for Information Science and Technology，2016，67 (9)，2047 - 2059.

[14] Juliet Schor. Debating the Sharing Economy [J]. Great Transition Initiative，2014 (10).

[15] 程晓波. 中国共享经济发展年度报告（2018）[R]. 北京：国家信息中心分享经济研究中心，2018.

第二章　共享经济平台战略管理

第一节　共享经济平台战略管理基础

一、理论基础

（一）企业战略相关概念

1. 企业战略

企业战略是指导企业进入特定领域并赢得竞争优势而用最优的方式配置资源并使企业的利益最大化的整体规划，企业战略主要包括品牌战略、发展战略、融资战略、竞争战略、营销战略、人才开发战略、技术开发战略、资源开发战略等。企业战略要求企业紧跟环境变化，根据自身现有资源和能力，选择合适经营的行业和品类，形成自己的核心竞争力。

2. 企业战略管理

企业战略管理指的是企业通过宏观的分析、预测、规划、控制等方法，有效利用企业的人力、财力、物力，实现企业优化管理，提高经济效益等目的。企业战略管理是指通过设计、选择、控制和实施企业战略，实现企业战略总目标的全过程。战略管理涵盖企业经营方向、筹资融资、产品开发、市场开拓、机制改革、科技发展、组织机构改组、重大技术改造等涉及企业全局、长远发展的重大问题。

3. 企业战略管理的特点

整体性。首先，企业战略管理将企业战略看成一个完整的过程来加以管理。其次，它把企业当作不可分割的整体。企业战略管理强调对企业进行全局优化，而非突出企业某战略单位或某职能部门的重要性。

长期性。企业战略管理更关心企业的长期、稳定和高速发展。企业战略管理的时间跨度一般大于 3 年，介于 5 至 10 年之间。但现实中互联网企业战略迭代的速度更快。战略管理中的战略决策是对企业未来较长时期（5 年以上）内，就企业如何生存和发展等进行统筹规划。虽然这种决策以企业外部环境和内部条件的当前情况为出发点，并且对企业当前的生产经营活动有指导、限制作用，但是这一切是为了更长远的发展，是长期发展的起步。从这一点上来说，战略管理也是面向未来的管理。在迅速变化和充满竞争的环境中，企业要取得成功，就必须要做出长期的战略计划。

权威性。企业战略管理强调企业领导者遵循一定程序，对企业的核心问题做出抉择并付诸实施的过程。企业战略是有效经营的必要前提，必须具有足够的权威性才能充分发挥战略的整体效益功能。所以，企业的高层管理人员介入战略决策是非常重要的，这不仅是因为他们能够统观全局，而且更重要的是他们具有对战略实施所需资源进行分配的权力。

环境适应性。企业战略管理重视的是企业与其外部环境的关系，目的是让企业适应并且利用环境的变化。企业是社会的重要组成部分，其生存发展受外部环境因素的影响非常大。

（二）企业战略分析的基本工具

企业战略分析的基本工具有很多，其中，战略分析工具包括 PEST 分析、五力模型、利益相关者分析、竞争者分析、价值链分析、雷达图、因果分析等；战略制定与选择工具包括 SWOT 分析、战略地位和行动评估矩阵（SPACE）、波士顿矩阵、通用矩阵、V 矩阵、EVA 管理、定向政策矩阵等；常用战略实施工具包括平衡计分卡、差距分析等。这里只简单介绍 PEST 分析、五力模型和 SWOT 分析等工具。

1. PEST 分析

PEST 分析是一种企业外部宏观环境的分析框架。通过政治（Politics）、经济（Economy）、社会（Society）与技术（Technology）四个维度对企业生存与发展的宏观环境进行分析。进行 PEST 分析前需要先充分搜集研究材料并深入了解需要分析的企业。政治因素主要包括政治制度、政府政策、国家产业政策、相关法律法规等。经济因素主要包括政府收支、通货膨胀率、经济发展水平、规模、增长率等。社会因素主要包括人口数量、文化价值观念、道德水平等。技术因素主要包括高新技术、工艺技术和基础研究的突破性进展。[1]

2. 五力模型

五力模型是美国管理学家迈克尔·波特（Michael Porter）在 20 世纪 80 年代初提出的，他认为行业中存在着五种力量决定竞争规模和程度，包括了现有竞争者的竞争能力、潜在竞争者的进入能力、替代品的替代力、购买者的议价能力、供应商的议价能力。它们影响着产业吸引力及现有企业的竞争战略决策。

3. SWOT 分析

SWOT 分析是指企业在进行战略选择时，对企业内部的优、劣势和外部的机会、威胁等要素进行综合分析，从而得出相应的结论，指导战略决策。SWOT 分析法可以对企业所处环境进行全面准确地研究，继而制定出相应的发展战略。

如图 2.1 所示，S 代表 Strengths（优势），W 代表 Weaknesses（劣势），O 代表 Opportunities（机会），T 代表 Threats（威胁）。其中，S、W 是内部因素，O、T 是外部因素。综上所述，企业战略应该是企业的优、劣势和环境的机会、威胁之间的有机结合。[2]

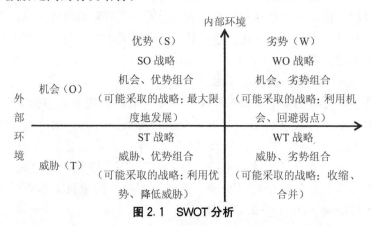

图 2.1　SWOT 分析

二、共享经济平台发展的战略分析：以滴滴出行为例

（一）PEST 分析

1. 政治环境

滴滴发展初期的政策环境并不友好，由于其业务冲击了传统出租车行业，有关部门对滴滴公司进行了压制和打击。例如，2013 年 5 月间，深圳和北京政府多次叫停滴滴打车，之后，规范打车市场的消息不断从政府口中传出。此后，在行业的不断努力和市场的呼声下，政策环境有了一定的改善。交通部在 2013 年 3 月和 2014 年 7 月先后发布了《关于规范发展出租汽车电召服务的通知》和《关于促进手机软件召车等出租汽车电召服务有序发展的通知》，明确指出手机软件召车可以为乘客提供高效便利的出行服务。紧接着，交通部又在 2015 年 1 月起施行的《出租汽车经营服务管理规定》中号召各地方有关部门根据实际情况完善出租汽车电召服务的相关制度。[3] 2016 年，《中央"十三五"规划纲要》首次提出"分享经济"的概念后，政府明确对共享经济采取开放鼓

励的态度，大力推动共享经济发展，为各地级政府发展共享经济定下了主基调。

2. 经济环境

经济环境主要包括宏观和微观两方面的内容。宏观方面，我国总体经济环境稳定并积极向好，国内生产总值、经济增长率、三次产业分布等位居世界前列。从微观经济环境看，消费者的消费能力、消费喜好，以及地方政府政策、区域发展态势都在逐渐变好。伴随着城市居民的收入水平不断提升，他们对出行质量的要求也日益增长，与此同时，他们对价格的敏感度逐渐降低。因此，越来越多的人在出行时选择打车这种更舒适、更便捷的形式。

3. 社会环境

互联网时代，人们的生活方式和消费理念相比于过去有了巨大改变，移动互联网和电子商务开始广泛应用。出租车也已成为一种方便舒适的大众交通出行方式。另一方面，大中型城市的交通状况亟待改善，并且在传统打车场景中，普遍存在司机和乘客信息不对称的问题，导致部分时段和地区的打车非常困难，而打车软件大大改善了此类问题，因此被快速推广开来。

4. 技术环境

以智能手机为载体并以移动互联网为纽带的打车软件提供了发展的平台。滴滴在产品上经历了从采用产品设计与定义全外包到决心自己掌握核心技术的转变，在技术力量上招募并建立了以原百度技术人员为核心的技术团队，重新定位与设计相对流畅的应用软件。滴滴对于核心算法的研究也在不断完善，计算能力得到强化。

（二）五力模型分析

滴滴公司属互联网平台企业，应该使用对应的模型分析其战略，因此，我们选择互联网平台企业五力模型而非传统的波特五力模型分析其战略。

1. 乘客还价能力

经过市场开发初期和"补贴大战"，滴滴公司积累了大量用户，大部分乘客习惯了滴滴公司的打车软件，乘客对价格敏感度有所降低。滴滴公司在覆盖面积和司机数量上相比其他平台拥有优势，导致乘客还价能力降低。

2. 司机还价能力

司机作为营利方具有较高的价格敏感度，较低的质量敏感度，且转换平台的成本很低。目前来说，滴滴平台对司机方的吸引力并不高，主要靠补贴政策才使得司机方有继续使用平台的动力，因此，司机还价能力较高。

3. 竞争对手

出行共享行业兴起之初，嘀嗒拼车、神州专车、易到用车、AA拼车等诸多企业依靠自身独特优势蚕食市场，但他们的市场份额并不高，滴滴出行仍然稳坐行业老大的位置，特别是在并购 Uber 后，滴滴占据了市场的绝对优势地位。但由于此行业的技术门槛相对较低，核心竞争依托于商业模式，资金雄厚的企业非常容易进入市场，且进入后的经营状况容易受到企业原有品牌的影响，使得共享出行市场具有一定的开放性，存在较大的竞争压力。

4. 新进入者的威胁

在共享出行领域，滴滴巨大的市场份额和行业高额的营销成本导致进入壁垒相对较高，但在专车等其他滴滴暂未占据优势地位的行业细分领域，对新进入者的资金成本、营销渠道、产品特色等并没有过高要求。因此，这些细分领域经常会出现一些新进入者，对滴滴公司的发展造成不利影响。

5. 合作者的利益分成能力

考虑到滴滴公司庞大的用户数量、强大的品牌影响力以及几近垄断的行业地位，许多企业都积极与滴滴公司建立了战略合作关系。同时，滴滴公司主动寻求与腾讯、阿里巴巴等运营商的业务合作，以期待他们能帮助滴滴进一步扩大影响力。

综上所述，滴滴公司现阶段的核心竞争力是庞大的用户数量和行业垄断地位，主要的劣势是对司机缺乏绝对吸引力，导致司机的忠诚度比较低。虽然现阶段还没有能撼动其行业地位的对手出现，但一旦出现具备颠覆性商业模式或较大规模的企业，滴滴公司的市场份额必然会被挤压，甚至有可能威胁其行业老大的地位。

（三）SWOT 分析

综上所述，利用 SWOT 分析法可了解滴滴出行目前所面临的优势、劣势、机会和威胁，如表 2.1 所示。

表 2.1　滴滴公司 SWOT 分析结果

优势： 1. 滴滴公司的规模优势； 2. 滴滴公司运营能力（获取资源的能力、人力资源能力、推广能力）强； 3. 资本运作能力强； 4. 市场占有率高； 5. 声誉资源强。	劣势： 1. 软件本身存在一些技术问题，相比 Uber 的硅谷技术，缺乏技术沉淀； 2. 营利性低下； 3. 司机和客户的忠诚度不高。
机会： 1. 我国经济总量增加，居民消费水平提高； 2. 国民受教育水平提高，接受新事物快； 3. 国家鼓励科技创新，滴滴公司重视科技研发和应用。	威胁： 1. 竞争对手强大； 2. 政策法规空白，部分地区交通管理部门打击网络叫车时有发生； 3. 新进入行业者的威胁不能避免； 4. 有可能涉及反垄断调查。

第二节　共享经济平台企业战略选择

战略选择的框架包括发展方向、发展目标、发展领域和发展能力。下面以滴滴出行为例对共享经济平台企业战略选择加以说明。

一、滴滴公司战略目标

极光大数据发布的《网约车APP行业报告》显示，网约车APP市场渗透率为14％，市场规模超过1.4亿人（截至2017年12月数据）。现在安装滴滴APP的用户人数接近一个亿，专车大概有1000多万辆。滴滴平均日活用户超1300万人，为第二名的50倍，国内出行行业形成了以滴滴为寡头的时代。未来滴滴有望成为全球最大的一站式出行平台，市场份额60％以上。未来的3年，滴滴可日均服务3000万用户1000万车主，在任何地方都可以在3分钟内打到车。

二、滴滴公司战略选择

在战略目标的引领下，基于SWOT分析，滴滴可选战略的类型主要有以下四种：

增长型战略。利用环境和自身优势进行大规模扩张，以占领市场，进而稳固行业地位。

多元化经营战略。要求企业拥有相对独特的产品，然后利用细分市场的多元化以及消费者需求的多样化，通过差别竞争建立优势。

扭转型战略。如果企业在提升自我优势时产生的实际效益比不上利用环境扭转自身劣势带来的实际效益，这时就可采用扭转型战略。

防御型战略。当企业面临严峻的外界环境威胁，且自身劣势也较为突出时，往往采用防御型战略，以保存实力，蓄势待发。

滴滴公司目前的战略目标是打造一站式出行服务平台，结合滴滴公司目前在出行领域的市场占有率超过60％的现实来看，选择多元化经营战略为主战略，同时考虑结合增长型和防御型战略，是比较明智的做法。依托多元化经营战略开拓新增业务，充分利用现有的巨大用户体量和品牌口碑，占领其他细分领域，开拓新的商业模式，以获得利润的增长。对于现有的成熟业务，可以利用规模效应降低成本，形成成本领先优势，在竞争中以科技发展为主导，不断巩固技术能力，形成新的核心竞争力和防御力。[3]

三、滴滴公司战略发展路径

（一）市场渗透战略阶段

在这一阶段，共享经济平台的主要目标是抢夺双边市场，培养用户习惯，可以把这一时期的共享经济平台发展战略概括为"市场渗透战略"。伴随着全球共享经济的浪潮，国内众多领域都开始涌现共享平台，如滴滴出行、蚂蚁短租、途家网、小猪短租、饿了么等。因为创业门槛较低，前景广阔，大量资本和创业者涌入，竞争激烈。

出行领域不仅有出租车，还包括专车、顺风车、公交车、大巴、游艇等细分市场，滴滴可以充分利用现有资源，果断出手，迅速占领未完全开发的细分出行领域，成为这些市场的主导者和标准的制定者，提升行业准入门槛，使得公司的经营尽可能覆盖整个出行领域，而不再是单一的出租车业务。

在这个时期，要不断提升和巩固技术能力，尽可能节省营销等费用的支出，降低运营成本，专注培养核心竞争力。作为互联网企业，技术迭代能力无疑是一项非常重要的核心竞争力。

（二）多元化联合经营战略阶段

随着商业模式的不断成熟，技术的逐渐完善，用户的广泛参与以及资金的大量涌入，细分领域的代表性企业在规模和影响力上都迅速扩大，开始多元化、联合经营探索，借此巩固竞争优势。可以把这一时期的共享经济平台发展战略概括为"多元化、联合经营战略"。

首先，以多元化经营战略为核心，构建立体智能化交通出行生态体系。在移动互联网迅速发展的大背景下，基于互联网改造传统行业是大势所趋。滴滴拥有大数据、人工智能等高新技术优势和强大的资本支持，应该抢在竞争对手前探索更深入的行业互联网应用和升级。出租车只是本地出行的其中一个入口，滴滴要做的是构建立体智能化交通出行生态体系，除了出租车，它的业务可以涵盖高铁、飞机、轮船等。

其次，以多元化经营战略为契机，打造综合型O2O生活服务平台。一方面，进一步拓展与交通工具相关的行业，如二手车交易；另一方面，大力开发与"行"有关的"吃""住""玩"等关联市场。出行必然伴随着其他消费，而出行后的消费主要由客户出行的目的和时间决定，滴滴可以基于大数据分析，有针对性地在热门地域和时间与其他领域的商家合作。

（三）生态化国际化战略阶段

这一阶段各细分共享经济平台领域的大局已定，胜出的头部平台开始从单一平台走向生态化发展，同时积极尝试国际化发展，可以把这一时期的共享经济平台发展战略概括为"生态化、国际化战略"。

一方面，以"小步快跑、迭代创新"的发展策略积极推动横向业务拓展，开发增值服务，加强与用户的双向互动以及跨领域合作。同时，积极利用数据和技术优势，基于和用户、政府、高校、金融机构及其他企业等主体的协同互动，打造全链条生态系统。例如，滴滴的出行共享业务就在线上打车、租车场景的基础上，拓展了汽车金融、新车销售及售后服务等新业务。更丰富的使用场景提升了用户体验，同时拓展了共享经济平台的变现渠道。

随着"一带一路"计划进入提速阶段，以滴滴等为代表的首批中国共享经济平台企业积极抓住国际化发展的契机，加快探索更广阔的发展空间。实际上中国交通互联网的发展在很多领域甚至在全球都是领先的，所以滴滴国际化是有坚实的基础的，滴滴国际化是下一步发展最重要的战略。

第三节　共享经济平台战略实施

共享经济平台战略包括平台进入、平台构建、平台包围和平台创新四个具体的战略。[4]平台进入、平台构建和平台包围三个战略侧重新的平台企业进入市场或市场内企业进行平台战略转型。平台创新战略为现有平台企业进一步加强自身竞争优势，探索平台营利能力提供了参考，它包括产品平台创新和创新生态系统两个方面，其中，产品平台创新专注于现有产品平台的深入整合，创新生态系统致力于通过跨业务整合资源，打造更大的生态平台。

一、平台进入战略

平台进入战略重点关注平台企业如何避免潜在进入者的威胁和竞争，以及新进入者如何克服进入障碍，并取得成功。强大的网络效应和平台市场的高转换成本帮助平台企业有效避免了潜在进入者的竞争和威胁，[5]因此，市场常常呈现"赢家通吃"的局面，此外，为了克服进入壁垒，新平台提供者必须能够提供创新性的服务和功能。[6]

例如，2018年3月21日，美团打车正式从上海开始进军出行领域，最开始提供了出租车和快车两种业务。美团打车最开始开出的优惠如下：前一万名注册司机，前三个月免抽成；同时只要单日上线满10小时，就可以保证司机每天有500元收入，如超过500元，按不同车型再补贴。对于用户，美团打车也推出了打车送外卖券等活动，北京站还主打1分钱体验。除此以外，对于一万名之后注册的司机，美团打车向车主提供仅8%的抽成优惠，而滴滴目前对司机的抽成在20%以上。第二天，美团打车在上海完成订单量超25万单，司机平均接单时长为 5 秒钟。北京、成都、杭州、福州、温州和厦门也随之开通美团打车。美团 CEO 王兴在 2018 年中国发展高层论坛上表明，美团打车已经在以上 7 个城市占领了三分之一的市场份额。

二、平台构建战略

平台构建战略是平台依托于双边网络，构建商业模式，制定平台规则，发挥同边和跨边网络效应，进行价值获取的战略。在早期构建平台的时候，企业需要实施精准的竞争战略才能快速地打入市场，提升注册用户量，抢夺市场份额，初步构建完善成型的共享经济平台生态系统。在竞争激烈的共享经济市场中，平台必须不遗余力地提升用户量，在早期快速地构建平台。其中一种选择是大量实施竞争策略来提高竞争力。具体竞争策略的制定可从定价方式、营销活动、运营优惠三个角度考虑，如表 2.2 所示。[7]

表 2.2　共享经济平台制定竞争策略分类汇总

竞争策略	具体竞争行为
定价方式	订单交易、按时计费、押金、包时付费
营销活动	线上推广、线下推广、线上营销、线下活动
运营优惠	直接优惠、间接优惠

在设计平台企业的商业模式时，最重要的问题是如何定价，平台企业需要为平台两边的参与者分别制定价格，同时还要考虑到一边的定价对另一边参与者增长和支付意愿的影响。例如，2012 年前后，网约车横空出世，价格战随之而来，据悉，高峰时期有超过 30 家各类打车 APP 参与竞争，数以十亿计的资金化为弹药，用于对市场份额的争夺。在滴滴和快的没有合并之前，在烧钱竞赛中双方投入资金均超过 20 亿美元，紧接着，Uber 入乡随俗，宣布投入 10 亿元用于打价格战。

三、平台包围战略

平台包围战略是市场进入策略中行之有效的一种，该策略一般是通过多平台绑定的形式将平台用户资源的优势发挥到极致。因为不同的平台之间，用户重合度非常高，率先积累到用户资源的平台很容易进入其他行业并占领市场。当高用户体量的平台绑定多个功能时，很可能会对功能较为单一的平台产生重大影响，因为用户将从功能单一的平台流向综合性平台，尤其是当综合性平台功能更多，价格更低时。[8]

2015 年，国内主流的拼车 APP 有滴嗒拼车、爱拼车、AA 拼车、微微拼车、哈哈拼车、多多拼车等。然而，滴滴强势入局，向全国 12 个城市投入 10 亿元，开展"全民免费坐快车"的活动。仅 5 月 25 日一天，滴滴快车全国总订单量超过 200 万单，超过之前全国所有专车的总订单量，在滴滴的打压下，众多功能单一的拼车公司纷纷偃旗息鼓，爱拼车的停止运营即是一例。

四、平台创新战略

（一）产品平台创新

平台经济时代最重要的产业是基于高新技术的高科技产业，所以说，平台竞争的核心是技术创新，技术创新能够轻松地使新标准取代旧标准，颠覆现有龙头企业的垄断地位。因此，占据市场主导者的平台，要坚定不移地保持对研发的投入，增强技术优势；而行业的挑战者更需要借助突破性的创新来颠覆垄断者的地位。可以看出，持续的技术创新对于挑战者和主导者平台的生存和发展同样至关重要。[9]

例如，从创始之初，摩拜单车就通过"智能＋出行"的概念，将摩拜单车塑造成智能出行工具，而不仅仅是普通的可租赁自行车。该战略使得摩拜单车无论在产品上还是用户体验上，都比 ofo、酷骑、永安行等竞争对手更具独特性。首先，摩拜单车拥有独特的产品设计。使用"轴承传动"替代了传统自行车的"链条传动"，有效防止了自行车传动链掉落的现象发生。独特的橙色五幅轮毂申请了相关的外部专利，突出了摩拜自行车的外观特色。铝制车身和防爆实心轮胎能够尽可能避免摩拜自行车的损坏。其次，摩拜单车定位为智能出行工具。ofo 和酷骑等其他品牌的共享单车，为快速占领市场，采用了"普通自行车＋机械锁"的传统形式。而摩拜单车采用 GPS 和物联网芯片，让用户可以使用手机 APP 实时查找和使用摩拜单车，在行驶过程中实时监控行驶路线和行驶距离。这一系列的措施使摩拜成为行业中独特的智能出行工具，因此有必要不断增大产品研发等方面的投资，并利用各种创新手段，给客户带来更便捷、更智能的短程旅行体验。[10]

（二）创新生态系统

平台企业想要迅速发展，必须具备开放的环境，不断接纳新成员加入，同时加强与外界的交流。要将成员稳定在平台企业的商业系统中，必须建立合理的价值创造和价值分享机制，[11] 基于此，平台商业生态系统才可能维持和进化。

例如，中国最大的开放式创新平台海尔于 1990 年代初开始探索开放式创新模型，并在亚洲、欧洲和美国建立了十个主要的研发中心。它扩展了许多触角，构建了创新资源的全球网络，使全球用户和资源能够在平台上彼此进行交互，在创新过程中实现资源匹配，并在生态系统中实现双赢。海尔开放式创新平台构建了世界上最大的开放式创新生态系统和全过程创新互动社区，吸引了全球的资源和用户，构建了基于自我驱动的开放式创新生态系统，并继续提供创新性成果。海尔的开放式创新平台致力于通过开放、合作、创新和共享，为企业和个人解决创新源，并在创新过程中匹配资源。简而言之，海尔的开放式创新平台可以帮助用户在创新过程中搭配稀缺资源。在该平台的支持下，用户可以转化和生产创新资源，并最大程度地吸引所有相关方的注意力，以实现真正的共赢。

参考文献

[1] 秦勇，李东进. 管理学——理论、方法与实践 [M]. 北京：清华大学出版社，北京交通大学出版社，2013.

[2] 杨学成，陈章旺. 网络营销 [M]. 北京：高等教育出版社，2014.

[3] 刘啸. 滴滴打车公司发展战略研究 [D]. 广州：广东财经大学，2016.

[4] 张小宁. 平台战略研究评述及展望 [J]. 经济管理. 2014 (3)：190-199.

[5] Farrell, Saloner G. Standardizationg, Compatibility, and Innovation [J]. RAND Journal of Economics，1985 (16)：70-83.

[6] Henderson, Clark K. Archaitectural Innovation：the Reconfiguration of Exisiting Product Technologies and the Failure of Established Firms [J]. Administrative Science Quarterly, 1990 (35)：9-30.

[7] 周春阳. 竞争组合下的共享经济平台初期构建模型研究 [A]. AEIC Academic Exchange Information Centre (China). Proceedings of International Conference on Economics，Business，Management and Corporate Social Responsibility (EBMCSR 2018) (Advances in Economics, Business and Management Research，VOL. 67) [C]. AEIC Academic Exchange Information Centre (China)：International Conference on Humanities and Social Science Research，2018：5.

[8] Eisenmann T, Parker G, and Van Alstyne M. Platform Envelopment [J]. Strategic Management Journal，2011 (32)：1270-1285.

[9] 初翔，仲秋雁. 平台竞争战略分析框架研究——结合探索性与解释性案例 [J]. 中国管理科学，2014 (A1)：519-524.

[10] 张雅超. 北京摩拜科技有限公司发展战略研究 [D]. 长春：吉林大学，2018.

[11] 范保群，王毅. 战略管理新趋势：基于商业生态系统的竞争战略 [J]. 商业经济与管理，2006 (3)：3-10.

第三章　共享经济平台商业模式

第一节　共享经济商业模式概述

一、商业模式相关概念

1939 年，美国经济学家约瑟夫·熊彼德最先提出了商业模式理论，他认为企业之间的竞争，最重要的是资金、技术、供货商和商业模式之间的竞争。管理学大师彼得·德鲁克也认为企业之间竞争的核心是商业模式的竞争。[1]那么到底什么是商业模式？具体来讲，商业模式是创造、传递客户价值和企业价值的系统，是一种商业交易的结构；商业模式一旦确定，一般不会改变，相比战略有较大的稳定性。

基于上述概念，可以拓展出"共生体"和"商业生态"的概念，共生体即目标企业与其利益相关者的商业模式的总和，商业生态即目标企业的共生体和竞争对手、商业伙伴及产业链上下游企业等利益相关者的共生体的总和。

二、共享经济平台商业模式分类

与传统的市场交易不同，共享经济商业活动是不以所有权转移为目的的消费行为。对共享经济商业模式分类可以从多个角度来划分，如果为了区别不同类型共享经济的核心逻辑，可从主体类型和表现形式两个维度对共享经济平台商业模式进行如下分类：

（一）私人物理共享模式

随着信息技术的发展，人们可以将其使用私人住宅的使用权细分，并基于互联网平台通过租赁的形式共享居住空间，提高房屋的利用率。任何拥有闲置房间的人都可以参与短租共享，并可以选择整租、单间租赁或联合租赁等形式来满足不同客户的需求。交易风险主要来自租赁者的道德风险和人口增长带来的负面外部性风险。关于道德风险，Weber 的研究和 Airbnb 的实践指出，适当的激励机制和完善的保险措施能够将该风险控制在一定范围内。[2]对于由于租户增加而引起的负面外部影响，例如喧闹扰民等，有关部门或企业应通过公关、教育、信息审查以及建立信用反馈等方式，以减少负面的外部影响。

（二）企业资产共享模式

共享单车使用GPS、智能锁、移动支付和其他信息技术摆脱对停车桩的依赖，能够有效满足城市居民对于"最后一公里"的出行需求。共享单车的主体是投放单车的共享企业，客体为单车。共享单车模式也具有负面的外部影响。首先是由于公司间的激烈竞争导致了大量资源的浪费，不过，随着共享单车行业的日渐成熟以及技术门槛的形成，此类情况会大大改善。其次是侵占公共场所。大量闲置的共享单车被随意放置在人行道上，给行人带来极大不便。要改善此类状况，需要企业、社会和政府共同努力，不断提升治理水平，平衡共享单车带来的效率提升和社会成本支出。

（三）个人技能共享模式

网约车平台利用APP连接出行的供需双方，并利用大数据、人工智能等技术，实现了乘客和驾驶员的实时匹配，满足了人们个性化的出行需求。理论上来说，所有会开车的人都能成为共享主体，车辆和技能即为共享客体。以网约车为代表的技能共享模式重新组织了雇佣关系，使兼职和全职员工的差异不再明显，共享平台成为了劳动关系中的重要环节。Rosenblat和Stark认为，该模型将导致劳动关系不平等，并发现Uber利用信息不对称和权力不对称等条件，与司机建立了更有利于Uber的合作关系。[3] Slee也认为，这种新的雇佣关系会降低他们工作的质量和安全性，并降低他们的工作稳定性。评价和调节这种新劳动关系的方法已成为世界各国应对共享经济的焦点。[4]

（四）企业服务共享模式

共享办公模式通过集中使用办公空间、设备和服务的方式，提高了办公室服务的效率，满足了社会对于灵活办公的需求。需要办公空间的用户可以方便地从智能手机上进行选择和预订。共享办公平台提供网络、餐厅、办公设备、休闲空间等服务，以满足人们的基本办公需求。对于需求方（以小型企业和个人为主）而言，除了成本，还会考虑到共享办公空间的布局和设计能够加强不同公司和个人之间的沟通，这将有助于开拓新业务。共享办公平台是共享的主体，其提供的办公空间和服务是共享的对象。共享办公模式当前还刚刚起步，运营模式和功能尚不成熟，对社会的影响还不够大。

（五）个人信用共享模式

网络借贷是基于互联网匹配个人闲置资金的一种模式。成熟的网络借贷模式可满足人们小额贷款的需求，并为个人信用赋予价值。但现阶段，该模式仍存在较大的风险。网络借贷是用信用换借款的模式，存在较大的信息不对称性，借贷方的信用风险集中在 P2P 平台上，在没有监管的情况下给了 P2P 平台较大的操纵空间。有数据表明，过去两年中发生了大量 P2P 平台卷款潜逃的事件。因此，为有效防范信用共享可能发生的风险，平台应进一步完善制度设计，加强对借款人的约束，此外，还要严格控制平台行为，使平台行为透明化，防止平台道德风险的发生。

（六）企业信用共享模式

股票、债券等资本市场本身就拥有很强的信用共享理念，投资者基于对企业未来业绩增长的信任，选择性地投入资金，以期获得更大的回报。随着大众创业浪潮的来临，初创公司普遍缺乏资金来源的问题引起了社会的普遍关注，催生了典型 B2C 信用共享案例——股权众筹的诞生。从风险角度来看，初创企业的未来发展具有较大的不确定性，而参与股权众筹模式的大部分普通投资者对此并不了解。此外，股权众筹模式也存在信息不对称导致的道德风险问题，这使得普通投资者面临巨大的意外风险，使得保护投资者成为了股权众筹规制中的重点内容。目前，各国政府都对股权众筹采取了严格的管理措施，并开始尝试借助投资配额限制和各方行为监管等措施把股权众筹模式的风险控制在可控范围内。

第二节　共享经济平台商业模式分析

商业模式分析法是商业社会最重要的分析方法之一，掌握良好的商业模式分析方法对于商业资产的定价、商业谈判、客户服务等有重要意义。分析商业模式的框架非常多，但其中有两个主导逻辑：

一是营销逻辑。关心市场供求关系，如市场痛点是什么，企业主要针对的是什么类型的客户群体，行业市场空间有多大等。

二是财务逻辑。关心企业经营过程中的成本和收益，如企业的发展状况如何，营利能力怎么样，企业运营是否有效率等。

商业模式创新领域的著名作家奥斯特瓦德博士等人在《商业模式新生代》一书中提出了商业模式画布分析工具，很好地将两者进行了结合，简单直观，条理清晰。该分析工具包括 9 个具体的模块：重要伙伴、关键业务、核心资源、价值主张、客户关系、渠道通路、客户细分、成本结构、收入来源。[5] 如图 3.1 所示。

重要伙伴 即公司同其他公司之间为有效地提供价值并实现其商业目标而形成的合作关系网络。包括公司的商业联盟范围。	关键业务 即公司资源和业务活动的配置。	价值主张 即公司通过产品和服务可以为消费者提供的价值。	客户关系 即公司与消费者之间的关系。业界常说的客户关系管理CRM 即与此相关。	客户细分 也称市场细分。即公司主要服务的具有一定相同点的消费者群体。
	核心资源 即公司执行其商业模式所需的能力。		渠道通路 即公司用来接触消费者的各种途径。	
成本结构 即公司在实施商业模式过程中成本的货币描述。			收入来源 即公司通过各种收入流来创造财富的途径。	

图 3.1　商业模式画布模板

一、价值主张

共享经济强调"使用而不占有"和"不使用即浪费"。[6]共享经济环境下，平台一方面鼓励人们共享闲置资源，同时通过价格优势和个性化服务，吸引人们参与共享消费，并通过信息技术匹配供需双方完成闲置资源的共享。

二、关键业务

关键业务是企业得以成功运营所必需的板块。正如核心资源一样，关键业务也是创造和提供价值主张、接触市场、维系客户关系并获取收入的基础。而关键业务也会因商业模式的不同而有所区别。例如对于微软等软件制造商而言，其关键业务包括软件开发；对于戴尔等电脑制造商来说，其关键业务包括供应链管理；对于麦肯锡咨询企业而言，其关键业务包含问题求解；对于滴滴等共享平台企业来说，其关键业务是连接司机与乘客。

三、核心资源

核心资源是支撑交易结构的关键资源和能力，往往是影响同类型商业模式业绩水平的关键因素，一般来说，不同的商业模式需要的核心资源也不同。传统企业的核心资源一般指的是产品质量、产品价格和研发能力。此外，传统企业往往更重视需求方，把客户资源当作提升竞争力的关键资源。而共享经济平台是基于新兴信息技术的支撑发展起来的，因此，信息技术是共享经济企业的核心资源之一。此外，对于共享经济平台来说，供需双方具有同等的影响力，供需双方的匹配程度及他们对平台的黏性和忠诚度，都会对共享经济的运营产生非常重要的影响，因此，共享经济平台要重视供需双方，同时增强他们对平台的黏性，将供需双方都当作平台的核心资源。

四、客户关系

客户关系是指企业为达到其经营目标，主动与客户建立起的某种联系。这种联系可能是单纯的交易关系，可能是通信联系，还可能是因为双方利益而形成的某种买卖合同或联盟关系。客户关系具有多样性、差异性、持续性、竞争性、双赢性的特征。它不仅仅可以为交易提供方便，节约交易成本，也可以为企业深入了解客户的需求提供机会。

五、成本结构

成本结构亦称成本构成，是产品成本中各项费用（例如，人力、原料、土地、机器设备、信息、通路、技术、能源、资金、政商关系、管理素质等）所占的比例或各成本项目占总成本的比重。成本结构可以反映产品的生产特点，从各项费用所占比例看，有的大量耗费人工，有的大量耗费材料，有的大量耗费能源，有的大量占用设备引起设备折旧费用上升等。共享经济平台的成本主要包括平台运维费用、技术研发费用、营销费用等。互联网时代，许多企业开始尝试免费模式，使得零边际成本现象无处不在，共享经济大大增加了资源利用率，使用资源的边际成本接近于零。[7]

六、收入来源

共享经济平台的收入一般来自平台资源的供应方或需求方，主要包括佣金、广告、增值服务等。共享经济平台大多依据时间定价，比如说，Airbnb短租平台会根据住宿者的住宿时长和住宿时段收费，在行根据行家的服务时长收费，滴滴会根据乘客的打车距离和打车时段来收费。[8]

七、客户细分

从参与者的成分构成来看，年轻、受教育水平高是共享型经济参与主力军的核心特点，根据彭博 2015 年 6 月发布的关于共享经济的简评中所引用的数据来看，37％共享经济参与者处于 18—24 岁的年龄阶段，25—34 岁的人群占到 30％，由此可见，大部分共享经济参与者都在 45 岁以下。[9]

八、渠道通路

从互联网公司 Crowd Companies 在 2013 年 12 月至 2014 年 1 月进行的有关用户"从何种渠道得知共享经济"的调查可以看出，63％的受访用户通过他人的介绍和传播得知，其中 47％是别人告知，13％来源于社会网络，3％为博客，39％的受访用户是通过营销渠道了解，其中 16％来自谷歌和其他搜索引擎，8％来自新闻媒体，7％来自互联网广告，可见口碑传播是共享经济的主要传播途径，基于口碑传播渠道的服务市场占据至关重要的位置。

九、重要伙伴

共享经济平台的重要合作伙伴有：第三方供应商（例如，摩拜单车与富士康合作，自主设计并生产车辆）、技术供应商（例如，ofo 与中国电信、华为战略合作，共同研发基于物联网 NB－IoT 技术的共享单车智能解决方案）、政府机构（例如，ofo 与深圳市交警局、市教育局联合发布《关于规范未成年人共享单车使用行为的联合声明》）、信用监管机构、金融机构（例如，摩拜单车与招商银行合作，首开押金专属账号，管理账户资金安全）等。

按上述内容，可以将 Uber 的商业模式画布绘制如下：

重要伙伴 司机 支付企业 地图 API 提 供企业 投资人	关键业务 1. 产品开发与运营 2. 客户获取与留存 3. 司机雇佣与管理	价值主张 没有空车、 没有多余 的 等 待、 价格低廉， 选择更多。	客户关系 1. 与供给方关系：为其提供便捷的揽客服务。 2. 与需求方关系：为其提供优质快捷的出行体验。	客户细分 1. 需求方：有出行需求的人。 2. 供给方：想通过载客获得额外收入的司机。
	核心资源 1. 技术平台 2. 熟练驾驶司机		渠道通路 网站、APP、企业自媒体等。	
成本结构 1. 技术成本 2. 营销成本 3. 雇员佣金			收入来源 1. 收取司机 20％的平台管理费用 2. 7～10 天的稳定现金池 3. 广告赞助商	

图 3.2　Uber 的商业模式

第三节　共享经济平台商业模式评价

一、共享经济商业模式的价值主要体现

（一）满足供需高效的匹配

共享经济的资源所有权和资源使用权是不对称的，前者在底层，后者在表层，在商品上是私有，但在服务上是公有，这就会造成供应和需求信息的不对称。共享经济可以在极大程度上扩展供应网络，理论上来讲可以盘活所有的闲置资源，给需求者更多的选择，但这也会造成市场的拥堵。同时，供需关系的配对也会是个极大的挑战，在某些区域，需求量会大于供给量，如在出行、物流等领域。因此，如何更高效地进行需求定位、如何确保供应速度，是一个难题。

（二）挖掘充裕而稀缺的资源

共享经济平台共享的是闲置资源，因此，只有挖掘总量充裕、部分程度相对稀缺，并且标准化程度较高的资源，进入市场后才能快速扩张。这可以从三个角度来理解，第一，总量充裕。总量充裕的资源通常被闲置的概率也会更大。第二，相对稀缺。即该闲置资源存在较多的流动性稀缺与信息不对称的状况。第三，标准化程度高。用总量充裕而又相对稀缺的资源启动项目相对轻松，但后续想要把项目的规模做大，就必须考虑资源的标准化程度是否够高，因为所有平台能够快速发展的前提都是运营流程是否能够标准化，基于此，才可以快速复制业务模式，快速发展平台业务。

（三）突破引爆点的用户

在平台建成之后，需要持续地吸引用户。只有当用户数量达到一定程度的规模后，才能达到引爆点。一旦平台用户的规模达到引爆点，平台自身发展的不确定性将大幅度降低，用户的转移成本也大幅度减少。要获取大规模用户的方式有很多，例如先采用传统的地推方式，获取第一批种子用户，然后借助高科技手段进一步扩大用户规模；或者是进行口碑营销，让消费者自行传播、自发推荐。当用户规模发展起来后，就需要考虑如何锁定用户，提高用户黏性。这就需要提升用户转换平台的成本，需要平台塑造良好的品牌形象和用户体验并帮助用户建立较强的归属感。

（四）维护基于信任的秩序

如何构建双边用户对共享经济平台的信任感，是共享经济平台成功商业化需要解决的首要问题，也是关键问题。许多国家拥有成熟的个人信用体系，这

可以有效解决共享平台的安全问题，比如美国利用 FICO 评分系统对个人信用进行评分，得出范围在 300—850 分之间的信用分数。分数越高，说明客户的信用风险越小。此外，个人在社交平台的信息和数据，也是很好的信用评价依据。共享经济平台应该在交易流程的各个环节采取措施，构建用户的信任感，包括事前对供需双方的资质进行严格审核，事中引入解决双方争议的机制，事后让供需双方进行互评等。此外，共享经济平台还应该在支付、保险等关键环节建立配套措施。

（五）激发网络效应的平台

基于互联网等信息技术的支持，共享经济平台将拥有大量闲置资源的用户和众多需要这些资源的用户进行了有效匹配和连接，作为连接方的共享经济平台拥有了无穷的想象空间。首先，共享经济平台能够产生正向的同边网络效应。例如，当人们在 Facebook 上看到越来越多的朋友分享人生百态，就越容易被吸引加入平台。其次，共享经济平台也能够产生正向的异边网络效应。例如，加入 Facebook 的用户数量越多，就会吸引越多的第三方应用程序加入平台。

二、共享经济平台商业模式评价

商业模式评价是一个复杂的问题，也是商业模式研究中相对不成熟的领域。一方面由于商业模式研究还处于发展阶段，理论体系尚未成熟，且并未达成一致，另一方面是由于各行业的商业模式差异很大，很难统一评价体系。当前，评价共享经济平台商业模式的方法主要包括特征评价法和指标评价法。

1. 特征评价法

一般来讲，好的商业模式有以下几个特点：简单、重复消费、多维增值、有门槛。而风险比较大的商业模式包括：综合解决方案型商业模式、超越逻辑的商业模式以及烧钱的商业模式。特征法评价商业模式较为简单，实践中指标法是更常用的方法。

2. 指标评价法

一般来说，我们可以依据以下几个指标来评价共享经济的商业模式。

创新性。同行业规模企业所没有采取的模式，或者是没有先例的模式。

行业促进。促进了行业的整体发展，而不是简单争夺了市场份额。

客户价值。与同行或以前相比，为客户提供了更高性价比的产品或服务。

业务增长性。小企业要求倍数增长，大企业要求超行业水平增长。

营利性。营利水平应该保持稳定增长，且不低于行业平均营利水平。

稳定性。具有核心竞争力，形成一定的竞争壁垒，很难被轻易复制，且不会为企业带来大的财务、法律、政策等风险。

整体协调性。商业模式应该和企业的经营管理系统有机整合。

未来发展性。具有较好的发展前景，能够持续保持较快的发展速度。

第四节　共享经济平台商业模式创新

一、客户价值主张创新

客户价值主张创新是最高级的企业战略创新，它能有效增强企业竞争力，并促进企业可持续发展。下面分析客户价值主张创新的典型案例——滴滴出行。

作为共享经济领域的领导者，滴滴出行源于对客户价值创造逻辑的重构。借助移动互联网技术，滴滴出行充分整合线上和线下资源，大大颠覆了传统交通方式，建立了基于互联网的现代出行方式。利用滴滴出行平台，人们可以快速地找到专车、快车、拼车、出租车等各类出行产品，显著提升了人们的出行效率。滴滴出行还整合了微信、支付宝等多种支付方式，方便用户进行资金结算，此外，还利用大数据、人工智能等高新技术，不断提升平台订单分发质量，进一步完善用户体验。

二、关键资源创新

共享经济平台企业借助互联网技术，通过梳理上下游关键资源，整合内外部资源，努力形成核心竞争力，打造竞争壁垒，通过满足客户需求，实现客户价值的最大化，最终提升企业收入，实现企业的多元化可持续发展。伴随着移动互联网技术的快速发展，传统的商业模式正在被迅速重构，因此，核心科技仍然是企业的关键资源之一。[10]

根据英国苏塞克斯大学的科学政策研究所（SPRU）的研究，我们可以把技术创新分为本质性创新和循序渐进性创新。互联网技术是本质性的创新革命，减少了人们的连接成本和交易风险，释放了被压抑的价值需求，给了平台型商业模式非常大的重构空间。

随着 AI、区块链和 VR 等智能技术的渗透和应用，共享经济各细分领域有望实现更大突破。AI 技术已开始在出行、医疗、物流等行业进行试用，例如无人驾驶汽车、无人机配送等。VR 的应用也大大改变了信息传播形式。基于区块链的分布式和一致性存储系统，解决了交易过程中的信任和安全问题。在物联网时代，万物互联将迎来共享经济发展的新局面。共享经济平台应充分考虑新技术的影响，有效利用新技术来巩固竞争优势，见表 3.1。

表 3.1　新技术对共享经济的影响

技术	影响
AI	已初步应用于出行、物流、医疗等共享经济领域。如 Uber 基于 AI 技术研发无人驾驶汽车；京东利用无人机进行物流配送；医疗机构利用机器人提供远程手术解决方案。
区块链	区块链技术可解决共享经济平台交易中最重要的信任问题，已初步应用于 P2P 网贷、二手车交易、住宿分享等共享经济领域。如基于区块链的分布式和一致性存储系统，可以实现在 P2P 商业模式下，构建透明真实的信用管理体系。
VR	VR 技术可使分享形式更加丰富，已初步应用于直播、教育、医疗、空间等领域。如内容方面，VR 主播改变传统直播模式；医疗方面，VR 医院提供远程医疗计划服务；教育方面，沉浸式虚拟教学大有可为；空间方面，住宿分享平台提供 VR 看房服务等。
物联网	利用物联网中的传感器和芯片技术，可实现万物互联，能够帮助共享经济平台有效整合碎片化的资源，进行按需匹配。

滴滴公司一直将信息技术视为其核心资源能力之一，每年都会投入大规模资金以建设信息技术系统。例如，经过初期补贴大战的野蛮生长之后，还想获得跨越式发展的滴滴开始组建自己的大数据团队，经过对滴滴平台产生的数据进行导入、清洗、存储、结构化等一系列最基础的处理，最终建成了自己的大数据体系。[11]

三、关键流程创新

关键流程包括产品研发和设计、供应商管理、产品生产、市场营销、人员招聘和培训等，以及流程能否重复和扩展。最重要的影响因素是业务管理的效率，其决定了公司执行和团队协作的有效性。管理是一个活动过程，包括计划、组织、领导、协调和控制等功能。一个优秀的管理者可以使用尽可能少的资源，同时最大限度地提高组织效率。管理活动的创新可以通过增强将公司的愿景变为现实的能力来增强竞争力。

例如，滴滴公司的关键流程由配置（即平台的利益相关者及其构成的网络结构）、角色（即具有某些优势的利益相关者）和关系（即利益相关者之间的关系）三个环节构成。共享经济平台是一个由供应方、需求方、共享经济平台三方组成的网络结构。不同于传统企业与利益相关者的垂直供应链关系，共享经济平台与供需方之间是扁平的横向合作关系。因此，滴滴平台创造了与乘客、司机之间横向合作的新关系。

四、营利模式创新

商业模式创新的主要目的是增加利润。因此，商业模式成功的关键在于营利模式的创新。[12]成功的商业模式必须同时具备独特性和持久性。独特性构成了企业的核心竞争力，且在同行中较难被模仿；持久性指的是可以保障企业持续营利的特性。企业营利的关键是企业与相关利益者的关系，包括投资者、供应商、客户、竞争对手等商业利益者和国家、社会、文化等社会利益者。因此，即使在同一行业，如果企业考虑的相关利益者不同以及选择的目标市场不一致，都会导致其选择的营利模式有差异。[13]

共享经济平台的前期营利模式主要包括交易佣金和广告。交易佣金是指共享经济平台通过撮合供需双方的交易后抽取佣金，多数平台向供方收取，也有平台向供需双方同时收取，这是目前共享经济平台最常用的营利方式。广告也是共享经济平台常用的营利方式，尤其对包括音频电台、知识分享平台、直播平台等在内的内容创业平台而言，广告是重要的营利来源。

共享经济平台尝试的新兴营利模式是依托流量入口拓展增值服务，例如，滴滴联合招行合作开展汽车金融服务、办公共享经济平台提供面向创业者的融资服务、猪八戒威客网提供商标注册服务、京东东家提供孵化式股权众筹服务等。

参考文献

[1]（美）彼得·德鲁克. 德鲁克日志 [M]. 上海：上海译文出版社，2006.

[2] Weber, T. A. Internediation in a sharing economy: insurance, moral hazard, and rent extraction. Journal of Management Informationg Systems, 2014, 31 (3), 35 – 71.

[3] Rosenblat, A., ＆ Stark, L. Algorithmic Labor and Information Asymmetries: A Case Study of Uber's Drivers [J]. International Journal of Communication, 2016 (10): 3758 – 3784.

[4] Slee, T. What's yours is mine: Against the Sharing Economy [M]. New York: Or Books, 2016.

[5]（瑞士）亚历山大·奥斯特瓦德，（比利时）伊夫·皮尼厄. 商业模式新生代 [M]. 北京：机械工业出版社，2011.

[6] 程维，柳青. 滴滴：分享经济改变中国 [M]. 北京：人民邮电出版社，2016

[7] 杰里米·里夫金. 走向物联网和共享经济 [J]. 企业研究，2015 (2)：14 – 21.

[8] 张晓芹. 共享经济下的商业模式创新 [J]. 安徽商贸职业技术学院学报（社会科学版），2016，15（3）：11-14.

[9] 艾媒咨询. 2016 年中国互联网"共享经济"研究报告 [R]. 北京：艾媒咨询，2017.

[10] 郑志来. 共享经济的成因、内涵与商业模式研究 [J]. 现代经济探讨，2016（3）：32-36.

[11] 李怀勇，张贵鹏. 基于共享经济的商业模式创新 [J]. 商业经济研究，2017（1）：120-122.

[12] 唐丽敏. 共享经济下企业商业模式创新机理研究——基于虚拟社会资本的理论视角 [D]. 北京：首都经济贸易大学，2018.

[13] 马强. 共享经济在我国的发展现状、瓶颈及对策 [J]. 现代经济探讨，2016（10）：20-24.

第四章　共享经济平台融资管理

第一节　共享经济平台融资现状分析

近年来，中国共享经济的高速发展以及技术创新在应用方面的加速渗透，推动了新业态、新模式的不断出现，呈现出我国经济在新时期下转型发展的新特点。2018 年，中国共享经济的交易规模达到了 29420 亿元，比上年增长了41.6％。从市场结构上看，生活服务、生产能力、交通出行三个领域在交易金额上分别为 15894 亿元、8236 亿元和 2478 亿元，位居各领域排行中的前三。从发展速度上看，增速最快的是生产能力、共享办公、知识技能三个领域，与上年相比，分别增长了 97.5％、87.3％和 70.3％。中国共享经济快速增长的原因除了大众认可度、渗透度的提高以及相关技术、商业模式的逐渐成熟以外，更为值得一提的是资本市场对共享经济的积极参与。根据相关研究的初步估算，2018 年共享经济领域的直接融资规模约 1490 亿元，同比下降了23.2％，首次出现负增长，其中共享出行领域的融资规模由 1072 亿元下降到419 亿元，降幅高达 61％，而其余领域的直接融资规模与 2017 年的 868 亿元相比，增长到了 1072 亿元，涨幅达 23.5％，这些数据反映了共享经济行业融资规模的负增长与共享出行领域的融资大幅下降有着莫大关系。[1]

一、资本集中于龙头企业

随着共享经济的快速发展，共享经济平台企业整体吸金能力较强，但资本分布非常不均衡，进入资本呈现出明显的偏好性。从过往投资事项来看，共享经济各行业之间融资事件及融资金额差距巨大。根据数据统计（图 4.1），2017 年的资本多集中于出行、生活服务、知识技能、共享金融的独角兽企业和准独角兽企业，特别是龙头企业极大可能集中了行业内超过一半的资本，例如出行行业的独角兽企业和准独角兽企业，就获得了行业内高达 96％的资本流入。[2]

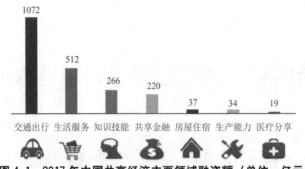

图 4.1　2017 年中国共享经济主要领域融资额（单位：亿元）

　　2017 年，共享经济领域内交通出行等热门行业的融资总额不断刷新纪录，对比之下，医疗分享等冷门行业的融资之路异常艰难。即便是在同一行业，不同的企业在融资的金额、难度以及轮次上都存在着明显区别，大多数的资本通常会流入行业内的龙头企业。

　　从具体企业上看（如表 4.1），共享出行领域的龙头企业滴滴出行在 2017年共得到了 95 亿美元的投资，成为 2017 年融资金额最高的共享经济类企业。共享单车领域中获得融资额 TOP10 的企业分别有 ofo 小黄车、摩拜单车、哈啰单车，从融资金额上看，ofo 小黄车、摩拜单车等龙头企业在融资方面比哈啰单车等初创企业更为容易。资本高度集中于龙头企业，从侧面反映了初创企业和微小企业在融资上所处的困境。

表 4.1　2017 年共享经济融资金额 TOP10

企业名称	时间	轮次	金额	投资方
滴滴出行	2017 - 04 - 28	F 轮—上市前	55 亿美元	交通银行、软银中国、银湖投资、招商银行、高达投资、中俄投资基金
滴滴出行	2017 - 12 - 21	F 轮—上市前	40 亿美元	阿布扎比慕巴达拉公司、软银中国
北汽新能源	2017 - 07 - 21	B 轮	16.67 亿美元	北京汽车集团、中翼投资、国轩投资、信达资本
ofo 小黄车	2017 - 07 - 06	E 轮	7 亿美元	阿里巴巴、DST、弘毅投资、中信产业基金、滴滴出行—滴滴快的
摩拜单车	2017 - 06 - 16	E 轮	6 亿美元	红杉资本中国、腾讯、高瓴资本、Farallon Capital 法拉龙资本、交银国际、工银国际、TPG 德太资本

续表

企业名称	时间	轮次	金额	投资方
ofo 小黄车	2017 - 03 - 01	D 轮	4.5 亿美元	经纬中国、DST、中信产业基金、Coatue Management、Atomico、滴滴出行－滴滴快的、新华联集团
哈啰单车	2017 - 12 - 04	D 轮	3.5 亿美元	成为资本、蚂蚁金服（阿里巴巴）、威马汽车、富士达科技
途家网	2017 - 10 - 10	E 轮	3 亿美元	Glade Brook Capital、高街资本、华兴新经济基金、携程、华兴资本、全明星投资
摩拜单车	2017 - 01 - 04	D 轮	2.15 亿美元	红杉资本中国、创新工场、启明创投、贝塔斯曼亚洲投资基金、祥峰投资、腾讯、携程、华平投资 WI Harper Group、高瓴资本、鸿海集团 Foxconn、熊猫资本、愉悦资本、永柏资本 PGA Ventures、TPG 德太资本、华住酒店集团
优客工场 URWork	2017 - 08 - 07	B+轮	1.82 亿美元	首创置业、星牌集团、北京爱康集团、景荣控股

数据来源：IT 桔子

二、融资需求强烈

共享经济的蓬勃发展，使得各行各业的共享经济平台企业催生了强烈的融资需求。在共享经济背景下，中国经济结构不断调整、产业结构持续升级，高科技应用与技术创新成为经济增长的新动力。目前，中国国内制造业产能过剩，面临着全面转型的挑战，融资需求强烈。[3]制造业产能共享市场很好地解决了这一问题。初步估算，2018 年制造业产能共享市场交易总额约为 8236 亿元，相比 2017 年增加了 97.5%，参与产能共享平台的企业数超过了 20 万。[1]共享经济带动整体经济发展的同时，也为各传统行业的转型发展带来了曙光，越来越多的传统行业涉足共享经济，进一步提高了共享经济平台的融资需求。按照目前共享经济的格局来看，若每个领域可以最终发展出来一两个龙头企业，中国共享经济市场上的融资需求至少能达到数千亿美元。[2]

三、融资渠道有限

共享经济平台企业在成立初期普遍获利能力较低，内源融资能力严重不足，因此只能寻求外源融资。而中国大部分共享经济平台企业存在自身规模小、资产少、风险大、管理能力参差不齐等问题，在借贷市场的博弈之中处于劣势地位，很难获得银行贷款，唯有通过其他方式融资。目前来看，中国的共享经济平台企业融资渠道主要有接受投资机构的风险投资、接受传统企业的股权投资和从公开融资平台上获得股权融资。[2]

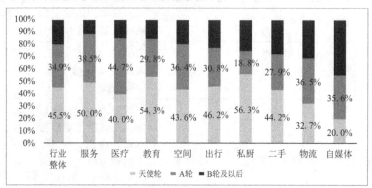

数据来源：IT桔子、腾讯研究院

图 4.2 共享经济细分行业融资轮次占比

从图 4.2 中的数据来看，我们不难发现中国多数共享经济平台企业中获得天使轮及 A 轮投资的比例达到了 80%，其中服务、医疗、教育、空间四个行业都超过了 80%。部分共享经济平台企业进入成长或成熟阶段后，会通过在国内新三板挂牌进行融资，或是在海外上市进行融资，还有部分企业因为未能达到 A 股上市标准因此难以借助上市进行融资，例如陆金所；此外还会有部分企业在新三板挂牌后因企业运营状况不佳而导致摘牌，比如众投帮。

总的来看，中国的共享经济平台企业多为规模小、资金有限的初创企业，能够通过挂牌或上市融资的企业少之又少，由于初创企业本就没有大量资金为自身的运营和发展提供支持，因此也只能选择外部融资中的风险投资机构以及在公开市场上寻求资本投入，但是一般所获融资多为股权融资，这又使得初创企业的发展受到一定程度的束缚。

四、成长性不足导致融资中断

目前中国共享经济平台企业融资出现的一些问题，既有外因，也有内因。在 2017 年初，Hi 电作为两个月内获取了十几亿人民币资本投入的共享充电宝企业，4 月份就宣布了两轮融资的完成，但随后又出现了 Hi 电的资金链断裂的新闻。究其原因，是由于 Hi 电公司在获得融资后并没有对其产品和技术进行实质上的改进，因此也导致了产品口碑和市场占有率的下降，进而未能达到所承诺的目标，则得不到投资款项，最后导致工厂停工等后果。这也侧面反映了开始不被市场看好的共享经济平台企业在获得融资后由于企业管理不善、产品运营效果不佳、营利数据下滑等原因，导致投资者流失、资金链断裂的局面出现，更是加大了接下去的融资困难程度。[2]

第二节　共享经济平台融资方式

一、留存收益融资

留存收益是指企业从历年实现的利润中提取或形成的留存于企业的内部积累，包括盈余公积和未分配利润两类。盈余公积是指企业按照有关规定从净利润中提取的积累资金，未分配利润是指企业实现的净利润经过弥补亏损、提取盈余公积和向投资者分配利润后留存在企业的利润。共享经济平台一般通过下面三种方式提升留存收益，首先，提高利润率，增加总利润额。一般情况下，企业的利润应主要来自营业利润，否则这个企业的经营状况会很差。而要想提高营业利润，就得提高利润率。利润率越高，利润越高，留存收益也越多。其次，通过回避法律上规定的不合理税收来提高企业的税后利润，以增加盈余留存额。此外，平台企业还可以对股利与留存收益的比例关系进行调整，制定合理的股利分配指标，在股东认可下达到增加企业留存额的目的。[4]

二、内部挖潜融资

首先，加强现金管理，确定合理的现金持有量。现金是财务管理的核心，对于共享经济平台企业来说，如果在现金管理环节上存在缺陷，将陷入资金极易流失和损失的局面。一般来说，企业的现金管理内容有库存现金和银行存款两项，虽然它们流动性最强，但收益率却最低。共享经济平台企业进行现金管理能够为企业确保其正常经营的资金供应，并且达到意外事件出现时尽可能降低现金持有量、提高现金收益率的目的。但是平台企业的现金持有量过高会降低其现金收益，而不断降低现金持有量也会导致难以处理突发事件和业务中断的情况发生，所以确定合理的现金持有量就成为了共享经济平台企业现金管理的重点。[5]

其次，做好应收账款的管理。面对日趋激烈的市场竞争，过多的应收账款，会使得共享经济平台企业正常的流动资金被相关企业占压．影响平台企业正常生产经营活动的进行。而应收账款的持续增加也会不断扩大企业坏账，导致平台企业的经营风险不断增加，因此为了企业内源资本的增加，加强管理应收账款也是必不可少的手段。所以，共享经济平台一定要慎重筛选进行信用交易的角色、制定有效的政策措施、把握恰当的还款时限；加强对应收账款的管理；采取措施，积极有效地杜绝坏账、呆账的发生；加大力度，收回已经过期的款项。

最后，加速折旧。加速折旧融资是指共享经济平台企业通过提高固定资产的折旧率，缩短折旧年限的一种融资方式。通过这种方式，一方面可增加当期折旧额，使得当期的更新投资资金增加，从而在企业内部直接获得一笔可利用的资金；另一方面，随着折旧额的增加，可降低企业应税利润额，进而减少当期纳税额，帮助共享经济平台企业获得更多的资金融通。事实上，由于第一种原因而获得的加速折旧资金，只是企业折旧额的提前使用；第二种原因获得的加速折旧资金只是企业应纳税额的延迟。可见，通过加速折旧而获得的这笔资金，只是共享经济平台企业提前拿到了固定资产的折旧资金而已，但在平台企业急需资金时，这笔资金的提前获得也相当重要。此外，科学技术高速发展，更新换代速度快，为了跟上技术发展的步伐，不被市场淘汰，平台企业也有必要采取加速折旧融资的策略。

三、吸收直接投资

共享经济平台企业也可以直接与外部投资者见面，以协议的形式吸收国家、法人、职工以及外商直接投入企业的资金，形成企业资本。这种融资方式由于是企业直接与投资者见面，没有中介机构的参与，所以称为直接投资。

为了有效地扶持中小企业的发展，从中央到地方的各级政府这么多年以来设立了不少类型繁多的基金和专项资金。而共享经济平台企业也应抓住这些机会，对政府出台的相关产业政策和扶持政策进行认真学习，关注政府扶持的产业类型以及相关具体规定，再审视企业本身是否具备这些条件，符合条件情况下如何申请，不符合条件又该如何创造条件等。相关的信息企业可以通过政府各部门网站进行了解，也可以通过询问政府有关部门和工作人员、中介机构的方式或者参加行业协会相关的活动和讲座进行充分了解。在充分了解相关政策后，如果企业满足了扶持政策的基本条件就可以遵循相应的流程进行申请材料的提交，所提交的申请材料需要尽可能地体现平台企业的内在价值。同时，为了确保企业的基本情况能够得到充分的传达，企业也需要主动地与相关部门的人员进行联系和沟通。政府资源可以说是企业发展的重要推动力，因此共享经济平台企业应该及时抓住这些机会并利用好这些资源。[6]此外，共享经济平台企业还可以采取吸收其他企业及社会闲散资金的办法融资，比如互联网理财融资，这种方式可以帮助平台企业解决一些暂时的困难。

四、股权融资和债权融资

共享经济平台企业可以出让部分企业所有权，通过增资方式引进新股东，最终使总股本增加，这种融资方式称为股权融资或所有权融资。以 ofo 小黄车为例，由于刚进入市场时，资金是属于企业家自己的，随着投放量的不断增加，投资者们也捕捉到了获得利润的可能性，唯猎资本、金沙江创投、弘合基金、滴滴出行等资本家开始疯狂融资，且当中的股权融资所占比例较高。[7]

债权融资是共享经济平台企业通过借款的途径来实现融资，相应地，所获资金也会形成平台企业的债务，这种方式主要用来解决平台企业在经营时遇到的资金短缺问题。

五、吸收"天使投资"

"天使投资"是指由拥有一定资金的个人或家庭对具有发展潜力的初创企业进行早期投资的一种风险投资形式。"天使投资"的特点在于主要面向想法独特的个人、项目以及初创企业，为其提供资金的帮助，而受到资金帮助的一方如何进行下一步的发展则由风险投资机构完成。[8]"天使投资"者往往有着雄厚的资金实力，他们追求的是更高的经济收益或是参与投资给他们带来的成就感，因此"天使投资"者们大多倾向于将钱投资于高风险、高回报的有发展潜力的中小企业。而正是因为"天使投资"体现出来的独特优势，有效地缓解了目前我国国情下共享经济平台企业在创业资本上存在的困难。"天使投资"者普遍具有较高的素质和良好的社会背景，善于利用自身的知识和才能帮助企业更快更好地发展。在为企业成长出谋划策获得成就感的同时，获取高额回报。对于初创的共享经济平台企业来说，吸收天使投资无疑是最佳的融资途径。

六、股权众筹

众筹指的是通过网络论坛的交流，为达到融资需求公开地向公众获取融资资本的一种筹集资金的方式，在这一种方式中，"公众"有权自主评估资金需求方的融资需求。简单来说，就是向大众筹集资金。目前众筹市场正处于从需要支持的慈善企业转型到提供投资机会的营利企业的阶段。[9]众筹平台集资主要有四种模式：捐赠型众筹、奖励型众筹、债务性型众筹和股权型众筹。由于大多数共享经济平台企业都处于初创期，未来发展具有不稳定性，因此，初始的创业资本在耗费得差不多的时候如果打算以债权众筹的方式获取融资是十分困难的，而根据目前国内的实际情况来看，初创企业实施债权众筹决策的几乎没有，而个人小额贷款和中大型企业的大额度融资占据了其中的大多数。同时，由于"预售＋团购"模式缺少了实在的产品，故其产品众筹也难以获取资本的投入。因此，对于共享经济平台企业而言，股权众筹融资是一种最为可行的办法。

股权众筹实质上是股权融资。股权融资与股权投资可以看作相对应的两种方式，从股权投资的阶段上分析，越接近项目前期的股权投资越是呈现高风险、高回报，而越接近项目后期进行投资则越是低风险、低回报。与之相对的股权众筹，则是越靠近后期其项目的估值越高、融资额度越大，而项目的前期由于其不确定性较大因此投资的关注度较小，故而股权众筹比较适合小额投资者们进行合投，从而有效地缓解投资风险。[10]

第三节　共享经济平台资本退出

当今是共享经济蓬勃发展的时代，大量热钱的涌入，使得共享经济市场上存在着大量的投资者，共享经济平台企业能够吸收大量的投资，获得巨大的发展动力。但资本具有鲜明的逐利性，在其承担风险的同时，必然需要在投资的各个环节获利，这其中也包括了资本退出环节。良好的资本退出方式对于共享经济平台企业吸引风险投资、推动产业乃至社会的进步都具有重要的意义。

一、上市（IPO）退出

首次公开募股（IPO）是指一家企业第一次将它的股份向公众出售。符合特定条件的共享经济平台企业可以选择 IPO，以增加公司的资金来源，把股权投资人的原始股份变成证券市场上可流通交易的股票，来换取资金，维持公司的日常运营。[11]

主板上市、二板上市及海外上市是构成公开上市的三种方式。一般来说，主板上市对公司的要求较高，需要公司业绩表现良好以及发展规模达到一定程度，因此主板上市的多为大型企业。二板上市对企业在发展规模等方面要求没有主板上市高，针对的也是大多数的中小型企业。由于现实中大部分共享经济平台企业难以满足主板上市的条件，因此二板上市是共享经济平台企业上市较理想的选择。[12]

IPO 退出方式平均收益高，是实现投资者和企业利益最大化的途径。但是这种资本退出方式的门槛和成本较高、极易受到宏观经济的波动影响，又较为耗费时间和人力，因此如果在股市低迷的情况下选择 IPO 退出方式，将会大大影响企业的回报率。

二、并购退出

并购即兼并与收购的合称。兼并又分为新设合并和吸收合并，新设合并是指合并两个或两个以上的企业使其成为一个新的企业；吸收合并是指某一企业购入另一企业的全部股权使其作为购入方企业的子公司；收购则是指某一企业为了控制另一企业而购买该企业的部分股权。[13]由于在实际情况中绝大多数的共享经济平台企业无法满足公开上市的条件，因此可以选择并购的方式来获取收益，实现风险投资的退出。

并购退出与公开上市退出的方式相比，退出耗费的时间成本与其他成本较低，能够实现一次性地完全退出，因此较为灵活。[12]但是被并购的共享经济平台企业也会因此失去对企业的控制权，极大可能会受到企业管理阶层的反对；并购之后，共享经济平台企业需要经历一段磨合期，有可能影响企业效益；且交易信息是不公开的，企业的价值可能被低估。

三、股份回购

股份回购是指共享经济平台企业通过自有资金或募集职工的资金购置外部的企业股权，从而使风险投资机构的投资退出的方式。共享经济平台企业的股份回购可以按回购的主体分为两类：第一类是共享经济平台企业的管理层进行筹资回购；第二类是共享经济平台企业通过将企业的股权转化为企业员工持有部分股权的方式，向员工募集资金进行回购。这种退出方式的交易过程较为简单、保证了投资机构的安全退出以及不会改变共享经济平台企业的控制权，因此并不会影响平台企业的正常运营。但这种退出方式收益率偏低，不符合风险投资的高风险、高营利的目的；此外，共享经济平台企业的财务压力较大，选择股份回购的方式进行投资退出会影响到企业原本的持股比例，损害主要债权人的利益。[12]

四、破产清算

当共享经济平台企业经营不善，破产清算时，风险投资机构没有其他的选择方式，只能选择退出。具体来看，共享经济平台企业的破产清算有两种方式，一种是共享经济平台企业在无法维持正常运营时自己按照规定程序实行清算和解散；第二种则是共享经济平台企业选择法院相关机构成立的清算小组进行清算，由于企业本身进行清算和解散耗费的时间较长以及成本较高，所以现实中企业多采用第二种方式进行破产清算。破产清算也是风险投资机构投资失败的表现，同时该退出方式往往难以收回投资成本，所以风险投资机构在进行风险投资时如果发现共享经济平台企业存在经营困难的现象，为了最大限度地降低损失，一般都会想方设法选择退出。

参考文献

[1] 程晓波. 中国共享经济发展年度报告（2019）[R]. 北京：国家信息中心分享经济研究中心，2019.

[2] 刘钰莹. 我国共享经济企业的股权融资问题研究 [D]. 上海：上海外国语大学，2018.

[3] 樊桂岭，笪凤媛. 共享经济时代互联网金融新商业模式探析 [J]. 天津行政学院学报，2017，19（3）：29 - 35.

[4] 胡振东. 我国中小企业融资困境及对策 [J]. 经济研究导刊，2009（14）：96 - 97.

[5] 刘敏芳. 农产品加工企业融资问题研究 [D]. 咸阳：西北农林科技大学，2004.

[6] 邵振军. 解决民营中小企业融资难问题的对策研究 [D]. 成都：西南财经大学，2005.

[7] 王金艳. 共享经济视角下的共享单车融资监管研究 [D]. 合肥：安徽农业大学，2018.

[8] 费淑静. 民营中小企业融资体系研究 [D]. 咸阳：西北农林科技大学，2004.

[9] 斯蒂芬·德森纳. 众筹：互联网融资权威指南 [M]. 北京：中国人民大学出版社，2015：35 - 36.

[10] 王劲松. 股权众筹中的投资者行为研究 [D]. 长沙：湖南大学，2017.

[11] 杨德勇，张弘. 我国私募股权投资基金退出方式研究 [J]. 经贸实践，2018（18）：159 - 160.

[12] 储小节. 我国风险投资退出机制研究 [D]. 武汉：湖北工业大学，2018.

[13] 邓艺. 我国私募股权投资基金退出方式研究 [D]. 南昌：南昌大学，2018.

第五章 共享经济平台营销推广

第一节 共享经济市场环境分析

一、共享经济市场发展现状

据 CB Insights 公司 2016 年 11 月发布的全球独角兽企业榜显示，共享经济领域全球共有 32 家企业入选，而中国与美国就分别以 12 家和 11 家的企业数量占据了绝对的优势。对于中国而言，可以说是归功于庞大的网民人数、互联网基础设施的逐步完善以及消费服务的转变等原因。根据艾瑞咨询的数据预测结果，中国共享经济的规模在 2018 年将达到 2300 亿美元，超过 4 成的占比和高达 54% 的年复合增速，领先于全球共享经济的其他经济体。

艾媒咨询调查数据显示（图 5.1），2014 年开始我国互联网共享经济开始快速发展，到 2015 年，我国互联网共享经济行业规模达到了 22360 亿元。目前在场地服务、家政服务、兴趣技能等细分领域的共享模式仍有待发展，国内互联网共享经济的发展仍将保持迅猛的增长势头。

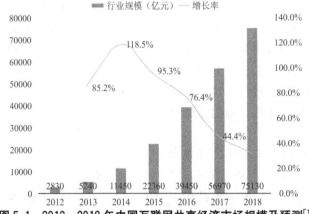

图 5.1 2012—2018 年中国互联网共享经济市场规模及预测[1]

二、共享经济市场趋势分析

(一) 共享经济继续稳步发展

在中国共享经济为社会提供了新的经济动力,在促进就业、利用社会闲置资源上做出了巨大的贡献。目前中国共享经济总体上正处在从起步期向成长期加速转型的阶段。2019 年以来,国内外经济发展进一步放缓,资本市场趋于谨慎、理性,这些因素增加了共享经济行业的风险,但由于共享经济本身的特质,利好因素仍然很多。比如说,为缓解经济下行压力,有关部门将会更多地进行鼓励创新的政策指向;而从就业者的身份出发,为了获取更多的收入和就业机会,大众也很乐于参加共享经济活动;随着共享经济商业模式的逐渐成熟,以及相关法律法规的日益完善,共享经济的持续发展也将得到进一步的保障。未来三年,共享经济产业有望保持 30% 以上的增长率。[2]

(二) 多样化场景增加变现途径,高价值资源共享为主流

随着共享经济行业不断发展,共享经济逐渐从单一领域渗透到各个领域中,从最开始的创意设计、交通出行、餐饮住宿逐步拓展到物流快递、资金借贷、生活服务、医疗保健、知识技能、科研实验等更多领域。[3]目前国内在出行共享与住宿共享领域的用户数量较多且已逐渐发展成熟,因此在未来也不会发生太大变动,而以后的发展也会更多地偏向汽车、房屋等高价值闲置资源的共享。此外,随着人们物质生活水平的提高,精神资源共享需求也在逐渐增多,特别是日常娱乐或是兴趣爱好服务上的共享逐渐受到人们的青睐,[4]例如摄影、游戏、陶艺等,在未来将会出现更多的共享行为。

(三) 新技术应用步伐加快,助推行业竞争升级

人工智能是当下最热门的高新技术之一,其可在身份验证、服务评价以及信息安全等方面提供巨大的帮助,同时也能够在出行共享、空间共享及医疗共享等共享经济领域发挥巨大的潜力。同时,区块链、5G 等高新技术的迅速发展将进一步推动共享经济平台在运营、服务、监管等方面的全面升级,成为共享经济未来发展的新动力。这些高新技术在共享经济中的应用,将进一步优化资源的运转效率,为用户提供更加完善的体验,成为未来共享经济平台竞争的关键点。[5]

(四) 加速推进合规化、标准化建设

用户需要更好的个性化服务,同时用户诉求是多元化的,每个用户对共享资源的需求程度都不一样,而共享经济平台的"一对一"模式有利于服务内容个性化的保证。但共享经济平台的服务必须是标准化的,需要制定完整的服务流程和服务标准,以规范产品或服务提供者的行为,保障消费者的利益。目前

共享经济的各个领域里，许多龙头企业的运营模式已经逐渐完善、成熟，借助他们在实践中所积累的丰富经验，将为行业标准的制定提供坚实的基础。随着2019年1月1日《电子商务法》的正式实施，各级相关部门将据此及其他专项法规和政策的要求，重点关注服务者的资质和许可、服务规范以及安全保障等在出行、住宿、医疗、网络内容等重点共享活动领域开展合规化管理。[2]

三、共享经济平台宏观营销环境分析

共享经济平台营销是指共享经济平台企业通过利用共享经济平台合理匹配闲置资源供给方和需求者，以满足他们所需产品或服务的社会过程。在这一过程中，共享经济平台企业提供了一个满足闲置资源共享的服务平台，在正确处理平台企业、平台用户及社会三者之间的利益关系的基础上，达到了建立和维系与平台用户的互惠关系，并以此来满足闲置资源供给方和需求者需求的营销目标。共享经济平台营销活动，既受到自身条件的制约，也受到外部环境的制约，在营销过程中，环境既是不可控制的因素，更是不可忽视的因素，共享经济平台企业必须时刻关注环境的实际情况与变化趋势，适时进行营销活动的调整。

（一）人口环境

从营销角度出发，一个市场是大还是小，常用市场三要素来衡量，即人口、购买力和购买欲望，其中人口是第一要素，人口的多少直接影响市场规模，以及市场的潜在需求。依赖于互联网的共享经济，网民数量无疑是其能否快速发展的重要指标数据。截至2017年6月，中国网民规模达7.51亿，居全球第一；移动通信用户总规模超13.6亿户，其中4G用户达8.9亿户；2016年，中国数字经济规模总量达到22.58万亿元人民币，跃居全球第二，占GDP比重达30.3％；共享经济呈井喷式发展态势，2016市场交易额达3.45万亿元。[6]庞大的网民数量为中国共享经济的发展奠定了坚实的用户基础。

（二）社会环境

随着我国物质产品的日益丰富和人民生活水平的不断提高，消费者的生活观念也在发生着巨大改变，这也促使消费者开始注重个性化的消费体验和自我价值实现。环保意识、节约意识的增强让越来越多的社会组织和人群认识到，自身的消费行为对环境方面的影响，人们逐渐放弃对过度消费的追求，更加重视节约资源、创造社会价值。

与此形成鲜明对比的是传统方式已无法满足用户日益增长的多样化需求，同时粗放式的经营模式所带来的资源浪费，也与当前的绿色消费观念相矛盾，出现了诸多痛点，比如供需对接不畅、成本高、效率低、效果差、诚信缺失等。共享经济在承认产权私有的前提下，能够将整个社会资源共享，为用户们提供更好的消费体验，进一步地带动产业发展。

共享经济的发展为平台用户提供了一种通过将自身闲置资源或时间进行共享以获取一定收入的机会，而随着 90 后、95 后网络一代登上时代的舞台，原有的价值观也正在被颠覆。这类人群无法适应高度紧张、机械化的工作方式，表现出强烈的社会沟通欲望，追求个性化、乐于分享，与传统就业相比，他们更愿意加入自由职业者的队伍。共享经济可以让从业者比较自由地进入或退出社会生产过程，众多共享经济平台的出现培育了规模巨大的自由就业群体。因而，从这一视角来看，人们对于提高收入及灵活就业的追求，也进一步刺激了共享经济的市场需求的增长。

（三）经济环境

共享经济是一种最大限度优化供需双方资源的配置方式。共享经济借助互联网，能够快速地从庞大的信息中发现需求，有效解决了供需双方存在的资源短缺与资源闲置难题，同时也降低了搜索成本和交易成本。[3] 目前，中国服务行业发展迅猛，经济处于剧烈转型期，共享经济的出现有利于培育新的经济增长点、化解转型期阵痛，为供给侧和需求侧改革提供了途径和方法。

随着经济全球化和网络信息技术的快速发展，人们可以通过授权给基金公司等独立机构来管理自己的资产，而基金公司等非业主利用被赋予的理财灵活性，对不同产品进行投资，为共享经济多渠道的筹融资金提供了极大的便利。

近年来，共享经济创业企业成为全球资本市场的投资热点，在中国，共享经济领域获得风险投资的企业在数量上和融资额上也呈现出了前所未有的激增。中国共享经济的资本热潮在 2014 年起步，2015 年井喷，融资笔数增幅高达 100％，融资规模增幅近 340％。2016 年融资笔数回落 30％，但融资总额仍保持 3％的小幅增长。[7] 2017 年中国共享经济领域融资额累计超 80 亿元人民币，仅共享充电宝领域，2017 年上半年发生融资事件 19 起，投资总额超 10 亿元。2018 年中国共享经济领域直接融资规模约 1490 亿元。资本市场的热捧为中国共享经济的快速平稳发展奠定了坚实的资金基础。

（四）科学技术环境

科技的进步与发展给社会、经济、政治以及生活等方面带来的深刻变化也将影响企业的经营活动。共享经济是信息革命发展到一定阶段后出现的新型经济形态，其快速发展的原因离不开现代信息技术的推动，尤其是互联网、物联网、大数据、云计算、定位服务、移动支付等技术的兴起和迅速发展，对共享经济的发展起到了重要的推动作用。截至 2016 年底，中国计算机、通信和其他电子设备制造业的发明专利数量达到了 227365 个；2012 年至 2017 年期间，中国的国际专利申请数量四次位居全球首位；中国首颗量子科学试验卫星"墨子"号成功上天；全球首条量子保密通信网络"京沪干线"全线贯通，覆盖距离超过 2000 公里；中国自行研制的全球卫星导航系统北斗卫星导航系统实现规模化应用，首次发射两颗北斗三号卫星，进入全球组网新时代；同时，中国还积极参与国际通信技术标准化制定，主导完成了多项 IEIF 标准，在 IPv4/IPv6 互通、网络安全、路由协议等领域实现了重点突破。中国网络信息技术的发展与创新，能够为资源供需双方提供迅速精准的匹配，并大幅地降低了供需双方的交易成本，成为共享经济发展强有力的推动器。

（五）文化环境

社会文化是指一个国家或地区的民族特征、风俗习惯、价值观念、生活方式、语言文字等的总和，能够对消费者的思想行为产生影响，进而间接地影响平台企业的市场营销活动。不同的社会文化环境具有不同的特点，而由于国家、地区的不同，所形成的社会文化也天差地别，因此受到不同社会文化影响的广大消费者对于同一种产品或服务，也可能有着不同的看法。通常在产品或服务的设计、包装、概念上可以看到不同消费者的接受程度，因此选择合适的推广策略具有必要性。

中国传统文化向来崇尚节俭，勤俭节约是中国的传统美德，节约的消费理念已经扎根在中国每个消费者的心中，是中国非常重要的消费文化背景。共享经济的本质是分享闲置资源，这与节约文化的思想内涵高度一致，从而为共享经济在中国的顺利发展奠定了良好的文化基础。

（六）政治法律环境

政治环境指对平台企业市场营销活动产生影响的外部宏观上的政治形势以及国家方针政策。为了促进共享经济的发展，中国在近些年来也出台了不少鼓励发展与强调规范的政策。以各地出台的网约车管理细则为例，大多数城市都是在车辆标准、司机资质、平台条件、申请程序等方面对国家的相关规定进行了细化，而在某些城市还过度地限制了司机的户籍、车辆信息以及载客区域等，这不仅偏离了国家在政策上包容创新的本意，也严重背离了共享经济发展的内在规律与要求。[3]

法律是由国家制定或认可的，能够体现统治阶级意志且保证受到国家强制实施的行为规范的总和。法律作为市场上的各类营销活动是否合规的评判准则，平台企业只有在不违反法律的情况下经营才能受到国家法律的保护，因此平台企业必须充分地了解以及遵守与共享经济相关的法律、法规才能够展开相应的营销活动。然而，共享经济作为新兴事物，具有网络化、跨区域、跨行业的特征，这给现有的法律法规带来了极大的挑战，中国目前的法律法规已经难以适应共享经济的发展现状。这种不适应性主要表现为平台企业的法律地位和责任界定存在模糊性；尚未明确规定平台的性质、行业归类、劳资关系以及税收征缴等方面的问题，如果不对现有法律法规进行更新、不对某些不利的共享经济活动进行管控，将有可能出现"违法"的经营活动，损害消费者的利益也损害平台企业的利益。[3]

四、共享经济平台用户分析

(一) 用户属性

共享经济依赖于互联网产生并快速发展，这意味着共享经济平台用户是熟悉并经常使用互联网的一个群体。艾瑞咨询对 2016 年共享经济 APP 用户属性的调查显示，共享经济的用户一般为受教育程度较高的年轻白领一族。具体来说，这类人群的年龄大多在 25—34 岁之间，约占共享经济 APP 用户的56.4%；普遍受教育程度高，本科以上学历占比 61.3%；其中男性居多，占比约为 59.3%；已婚且有小孩的顾客占比约为 63.3%。个人月收入方面，以中等收入的白领阶层居多，其中，月收入在 3001—8000 元的，占比 49.2%，而月收入在 8001—10000 元的，则占比 19.2%。家庭月收入方面，共享经济APP 用户多为双职工家庭，月收入在 8001—20000 元的，占比 47.5%，而月收入在 20001—30000 元的，则占比 24.5%。

(二) 用户价值观

艾瑞咨询对于共享经济 APP 用户的调查显示，大部分用户比较关注理财，在定期存款和基金股票方面的投入比例较大；此外，用户进行消费时比较注重消费的实用性和性价比。在自我价值实现方面，用户更倾向于事业兴趣两不误，他们善于借助社交网络，以兴趣相投为基本原则，与他人分享自己的见解；热爱生活，在开展事业的同时也不忘定期度假，谋求为家人提供更好的生活。在日常生活方面，用户追求自我风格，崇尚健康生活，他们追求时尚，希望在衣着得体的同时能够穿出自己的风格；关注健康，坚持运动与健康的饮食，会定期体检。

(三) 用户行为

来自 2017 年中国共享经济行业及用户研究报告显示，2016 年共享经济平台用户中更多的人扮演的是买家角色（见图 5.2）。其原因在于用户担心人身和财产等安全问题，卖家不能像正式员工有福利等利益方面的保障，共享经济平台抽取佣金过高，没有钱赚、商品或服务的质量及售后等难以得到保证，没有合适的渠道，等等。基于以上的顾虑，共享经济平台用户更愿意在专业技能、电子产品、空间、物流等领域提供商品或服务。

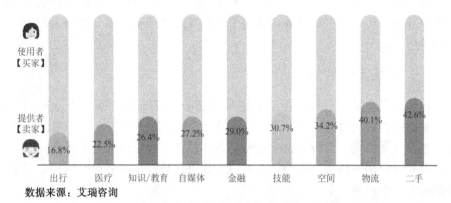

数据来源：艾瑞咨询

图 5.2 2016 年共享经济 APP 平台用户中使用者和提供者占比情况

共享经济平台用户更愿意扮演买家的原因主要在于，可以使生活更加便捷、有效率；共享物品或服务属于绿色消费，可以减少环境污染；此外，能够在减少支出的同时满足个性化需求，好奇心驱使、有机会认识新朋友等也是平台用户愿意成为使用者的原因。作为买家这类用户更愿意在专业技能、电子产品、汽车、家政服务等领域使用产品或服务。然而，即便是作为买家或使用者，仍有不少平台用户因为担心人身和财产等安全问题、商品服务质量及售后难以得到保证、定价超出自己的接受范围以及感觉使用他人的分享会没面子等原因，拒绝尝试使用共享经济平台。

第二节 共享经济平台市场定位

伴随着互联网的产生和高速发展成长起来的年轻一代，以及正在崛起的"Z 世代"① 已成为中国的主导消费人群。这一类人群受到互联网、智能手机等科技产物的影响很大，追求自我价值和自由，也乐于分享。社交网络的迅速发展，使得他们更加追求个性、与众不同。近年来，中国共享经济发展迅猛，共享经济平台的数量激增，随之带来的是平台之间激烈的竞争。为抢占竞争优势，各个共享经济平台必须对于选定的目标客户准确定位以凸显自身个性，提高他们的关注度和使用率。借鉴科特勒关于定位的定义并根据共享经济平台的性质特点，本节所提到的共享经济平台企业的市场定位是指平台企业为了在目标客户的脑海里占据一个独特且有价值的位置，从而根据平台企业自身的形象

---

① 注："Z 世代"泛指 95 后，即 1996 年到 2010 年间出生的一代人。

和所提供的服务进行的策划行动，最终塑造出平台企业与众不同的鲜明个性或形象，并成功传递给目标顾客，突出平台企业的服务在某细分市场上的强有力的竞争位置。

一、市场定位的步骤

传统的定位是以公司为中心，定位的核心是基于与竞争对手抢夺用户资源，建立并维持品牌忠诚度。共享经济平台企业的定位核心则是用户体验至上，是开放和连接。与传统企业类似，共享经济平台企业进行市场定位时，一般也是经过识别潜在竞争优势、企业核心竞争优势定位和制定发挥核心竞争优势的战略三个步骤。

（一）识别潜在竞争优势

识别潜在竞争优势是平台企业市场定位的基础。通常平台企业的竞争优势表现在成本优势、产品差异化优势、数字化管理能力、业务支撑系统优势和大数据分析能力等方面。成本优势一般体现在平台企业与竞争者销售同等质量的产品却收取更为低廉的价格，或者是相同的价格却销售更为优质的产品。产品差异化优势主要是平台企业能够根据不同的消费者需求为其提供特有的产品或是相适应的功能与服务。数字化管理能力包含了硬件资产管理、空间调度分配管理和用户需求管理三个方面，这一能力决定了共享经济平台的运行成效。业务支撑系统则包括了共享经济平台的产品、用户、订单、计费等一整套系统，其运行流程表现在：① 服务接触前，系统应该致力于供需的链接，搭建好一个有利于交流对话和信息共享的平台。② 服务接触阶段，系统应该适时撤离价值共创过程，让用户们自己去创造价值，这样不仅节省了管理成本，还为用户营造了一个平等、互惠的价值共创环境。③ 服务接触后，系统应该为扮演不同角色的用户提供一个有利于透明交易、相互客观评价的平台环境，使得用户更愿意参与互动，从而获取更多的用户价值。进行大数据分析能够更精准地了解消费者需求、为消费者提供大量关于产品和服务的评价，为平台企业提供更多的创业机会和更多的用户，因而大数据分析能力也是共享经济平台非常重要的竞争优势。

为了更好地满足顾客需求，企业不仅要进行市场的深度调研，准确无误地锁定目标市场具有的特点以及当前需求的满足程度，还需要对主要竞争者的优势和劣势进行调查分析，只有充分地进行调查研究才能更好地实施产品差异化策略，在市场竞争中取得优势。

（二）企业核心竞争优势定位

核心竞争优势是指平台企业在与主要竞争对手相比时所具有的可获取明显

差别利益的优势。为了有效识别和形成其核心竞争优势，平台企业应该细心分类企业涉及的所有营销活动，对自身的主要营销活动与竞争者对应的营销活动进行比较分析。在 O2O 行业中，线下环境是价值共创的基石，实体的物理体验相对于虚拟的网络平台体验对于顾客体验的影响力更为显著。因此，平台企业在进行核心竞争优势定位时不能忽略消费者的线下实体体验。[8]

（三）制定发挥核心竞争优势的战略

平台企业在营销上的核心竞争优势是不可能主动被市场识别的，因此必须制定相应计划对核心竞争优势进行宣传。比如可以利用广告宣传的方式让消费者了解本平台企业的核心优势以及市场定位，而宣传是否有效传达则取决于消费者的需求与企业的追求是否吻合。

二、市场定位的方式

市场定位能够充分展示一个平台企业与其类似的企业之间存在的竞争关系，应用的市场定位方式不同也会带来不同的竞争形势，与传统企业类似，共享经济平台也有三种主要的定位方式。

（一）避强定位

主要通过避开强劲对手的市场定位进行自我定位，一般所面临的市场风险较小，成功率也较高，通过避强定位方式能够迅速地在消费者心中建立形象，多数企业会选择这种方式进行市场定位。

（二）迎头定位

这是一种具有危险性的市场定位方式，因为是与市场上最强的对手迎面竞争，但是高风险的背后也带有高回报，因此该定位方式一旦成功将获得巨大的市场优势。例如，2014 年 7 月，Uber 正式宣布进军北京，当时 Uber 的市场定位就是迎头定位，Uber 依据强大的经济实力和领先的技术，在司机和用户方面提供了比滴滴更为诱人的补贴福利，提供更宽泛的打车服务及生活服务。实行迎头定位的前提是必须客观清晰地认知自身实力以及充分了解竞争对手的实力，只要在竞争中能够平衡地对抗无疑是获取了胜利。

（三）重新定位

当平台企业处于竞争极弱势时，可以进行重新定位。利用重新定位可以有效地摆脱决策失误、对手反击、新竞争对手出现所造成的困境，重新在市场中活跃，获得发展。

实行市场定位应多考虑差异化、个性化和独特性。如上所述，市场定位能够使市场上潜在的消费者对平台形成特定的概念和印象，而差异化策略的实施则有利于产品或是企业在同类型竞争产品中造成区别，吸引消费者。

三、市场定位的战略

差异化是市场定位的根本战略，具体表现在以下五个方面：

（一）产品差异化战略

产品差异化战略是在产品的质量、款式等方面与其他类似产品进行区别的战略，主要通过找出产品的特点进行战略实施。例如在高新技术产业，如果某一企业率先推出具有创新性的、独特的产品，该企业将会占据一个极其有利的市场竞争地位。[9]也比如在网约车市场行业中，滴滴出行将其市场定位为互联网城市交通综合服务平台，根据大众用户的需求以及高端用户的需求推出"快车"和"专车"两种业务，实现了产品差异化战略。在共享单车市场上，目前单车类型比较单一，有很大一部分人对山地自行车有着强烈的需求，山地自行车可以让他们骑行更快、姿势更帅，因而，共享单车平台可以考虑推出山地自行车共享的服务。当然，采购山地自行车费用也会更高一些，满足了用户的差异化需求适当提高收费也是可以的。此外，还可以对市面上的单车进行升级，比如在自行车车头安装一个放手机的卡槽，或在车上安装夜行灯等。

（二）服务差异化战略

服务差异化战略是为了与竞争对手进行区别，提供不同优质服务的战略。平台企业想要在服务差异上获取竞争优势，就要不断地扩充服务类型和提高服务水平，以获取更多的消费者购买价值，维护与消费者之间的关系，从而在市场中打败竞争对手。[9]以共享单车为例，有些用户在使用共享单车时会将单车占为己有，给单车上锁、毁掉二维码牌，方便自己长期使用，基于这样的行为，抛开个人素质，说明有些用户是有长期使用的需求的，可以做订阅式服务，例如：提供包一周或一个月使用的服务。

强调服务差异化的实施并不是忽视产品在技术投入和质量投入上的重要性。当产品或服务的价值组成中技术投入比值较大，那么实施技术质量的战略是正确的，但是当产品或服务与竞争者相比技术的差异较小，那么技术质量战略的作用也会缩减。

（三）人员差异化战略

人员差异化战略是通过招聘优秀人才和培训员工能力以在和竞争对手相比下获取差别优势。共享经济平台为闲置资源的分享双方提供了一个交互平台，闲置资源提供者的素质会直接影响其服务质量，进而影响顾客体验，甚至危及顾客的人身安全。比如网约车平台，曾出现司机强奸女乘客的恶性事件。因而，对于共享经济平台来说，如果能够建立健全用户评价体系，保证用户素质，则会提升用户的信任度及品牌知名度，取得重大的差异化优势。例如滴滴出行平台中构建了服务信用体系，加入平台的每一位快车车主都有自己的服务信用档案，服务得分较高的司机将会获得平台的优先派单，此外摩拜单车也有平台建立的用户信用制度，规范平台用户的行为。

如果平台的用户拥有相应的产品知识和技能、富有责任心、态度友好、尊重他人体谅他人、诚实守信、认真对待工作、理解顾客需求等，那么平台的环境也将更加友好。

（四）形象差异化战略

形象差异化战略的使用一般是当平台业务的核心部分与竞争者类同时，通过塑造与竞争对手存在差异的形象来获取优势。对个性和形象进行区分是很重要的，个性是平台企业进行市场定位的一种方法。形象则是公众对平台企业及其业务的认知方法。平台企业及其旗下业务想要成功地塑造形象，需要着重考虑三个方面，一是特点需要被充分地传达；二是具有较强的感染力；三是尽可能利用各种手段和品牌进行接触。比如，2015 年滴滴打车更名为滴滴出行，并公布了新 Logo。滴滴出行表示，新品牌代表着服务于人们（People），用移动互联网的创新思维（Innovation），来解决人们出行的痛点（Journey），从而让每一个人获得满意的体验（Smile）。Logo 作为企业形象的一种代表，滴滴别出心裁地在 Logo 右上角设计了一个缺口，表明企业追求极致、永不满足和勇于创新的特性。新 Logo 采用了滴滴拼音首字母 D 的抽象化设计，不仅用微笑象征了"滴滴一下，美好出行"的企业理念，也展现了道路的抽象形象，表示滴滴所处的行业。[10]全新的品牌标识更准确地体现了滴滴的业务范围及含义，也成功地吸引了媒体和用户的目光，在广大受众心中树立了全新的形象。

（五）促销方式差异化战略

促销方式差异化战略是指通过不同的宣传方式以达到占领不同细分市场的目的。平台企业要持续保持促销方式的差异化，就需要不断抓住客户需求，并恰当地利用先进技术手段。例如，滴滴出行，采用线上线下相结合的促销方式，线上主要通过各类网站、手机 APP 发放优惠券、红包、打车券等。线下则是与各地举办的多种活动合作，现场派送打车券、扫码送滴滴红包等。通过这种促销方式，一方面可以吸引新用户的加入，另一方面也能鼓励老用户积极使用平台 APP，大大提升了滴滴出行 APP 的下载量和使用量。

第三节　共享经济平台营销策略

一、产品策略

企业要满足市场需要，必须通过提供某种产品或服务来实现，没有适应市场需要的具有竞争力的产品，企业的营销活动就无从谈起，同时，没有产品，其所谓的价格、渠道、促销等组合因素也就不复存在。所以，作为市场营销组合因素中的核心因素，不仅是在营销内容上，在企业收益、市场占有率等其他方面也由产品的质量水平所决定。共享经济平台作为第三方平台，可以通过手机 APP 向用户提供各种服务，其本质上也是提供产品，这种模式将互联网作为媒介，将闲置资源的提供者与需求者连接起来，通过匹配服务收取一定的费用进行营利。因此，为了吸引用户，共享经济平台应制定具体的、有针对性的产品策略。

（一）进一步提升产品技术水平

随着中国智能手机、网络信息技术的进一步发展，各类手机 APP 的技术得以长足进步的同时，消费者或用户对于 APP 的使用也在不断地提出更高、更新、更多的要求。为减少用户对产品的操作和使用的不满，提升用户体验，共享经济平台企业需要增加研发投入，进一步地提高供需调节以及定位等技术的可用性，提升应用软件在操作上的简易化、反应上的灵敏性以及界面设计的美观化。

（二）改进服务品质

在提升手机 APP 各项性能的同时，平台企业还应通过改进服务品质提高消费者的满意度和品牌认同度。当平台用户遇到问题时，是否开通了专门的沟通渠道以及能否及时解决问题，都会影响用户的满意度，因此，共享经济平台应该完善其客户服务系统，对用户的疑问进行及时解答，并建立相应的奖惩约束机制；在产品进行更新换代时，用户有可能会提出他们的建议，为了能够尽快回复用户，平台企业还应定期做用户调查和回访以了解用户的想法，结合用户的建议改进产品，提高产品服务水平；此外，还应注意服务上的一些小细节，往往细节的改善也能带来重大的影响，比如可以通过定期给用户发放福利来提升用户体验等。[11]

（三）扩充产品类型

为了满足目标市场的需求、扩大销售、分散风险，共享经济平台可以适当增加新产品，同时经营多种产品。那么究竟生产经营多少种产品才算合理？这些产品应当如何搭配，才能做到既能满足不同消费者的需求，又能使平台企业获得稳定的经济效益？这就需要对产品结构进行认真的研究和选择，根据企业自身能力条件，确定最佳的产品组合。比如，滴滴出行按照客户的买卖水平和运用场景不断延伸其产品线，先后开发出快车、顺风车、巴士、代驾等多种产品业务线，同时，为照顾不同用户的支付习惯，还兼容了多种不同的支付方式，确保了自身在网约车市场上的绝对优势地位。

二、价格策略

价格作为影响消费者是否购买产品的一大重要因素，平台企业必须制定合理的基本价格，而且提高价格决策变动的灵活性。价格作为营销组合因素中最难以控制的因素，它是闲置资源使用者购买产品或服务时最关注的因素之一，直接影响着平台业务在市场里的接受程度、平台企业的利润以及平台用户的利益。

作为新兴事物，市场对于共享经济平台的了解较少，容易引起消费者的抵触，为了提升关注度、降低抵触感、提高用户数量，共享经济平台制定定价策略时，应在成立初期向用户提供大量红包、优惠券、赏金等形式的补贴，在市场回归理性发展以及竞争格局逐渐稳定后，平台企业就可以减少补贴额度甚至提高价格总水平。

案例 5.1："滴滴打车"与"快的打车"的价格之争

2012 年 9 月，滴滴打车在北京上线；2012 年 8 月，快的打车在杭州上线。2013 年，"滴滴打车"和"快的打车"开始针对司机和乘客开展补贴竞争。到2014 年，双方之间的补贴竞争进入白热化阶段，"滴滴"向乘客和司机提供高额补贴，而"快的"则实行"比滴滴的补贴多 1 元"策略。"滴滴打车"的补贴力度最大时，乘客每单车费减免 12—20 元不等，司机每单奖励 10 元，新司机首单奖励 50 元；"快的打车"的补贴力度最大时，乘客每单补贴 13 元，司机每单奖励 5—11 元。高额补贴策略使得"滴滴打车"和"快的打车"的用户规模迅速增大，二者逐渐占据九成以上的市场份额，而平台对双边用户的补贴却逐渐减少。2014 年 5 月下旬，双方都结束了对乘客端的现金补贴，"滴滴"转而向使用微信支付车费的乘客发放红包抵扣部分车费，"快的"则推出积分抵扣车费的活动来增加用户黏性。2014 年 8 月，两家企业同时停止对司机端的现金补贴。

滴滴打车和快的打车的高额补贴策略使得双边用户迅速集聚到这两个平台上，平台上双边用户的同边网络效应和跨边网络效应随着用户数量的增多而增强，从而有越来越多的双边用户使用"滴滴打车"和"快的打车"平台，产业内平台竞争的结果是其他打车应用在用户规模达不到临界值以及资本压力的作用下纷纷退出竞争，互联网出行行业的市场集中度进一步提升。

2014 年，乘客和司机借助移动打车应用实现互动交易的互联网出行市场已经被培育起来，"滴滴打车"和"快的打车"凭借高额补贴竞争在中国移动打车市场占据 99％以上的市场份额，移动打车市场形成了双寡头垄断格局。由于两家企业在出租车市场的平台体量已足够大，而营利能力却不能与之相匹配，双寡头垄断格局徒增运营成本，加之资本市场遇冷的环境下，二者相争必然会两败俱伤。2015 年 2 月，"滴滴打车"和"快的打车"宣布战略合并，并于 9 月份更名为"滴滴出行"。[12]

三、渠道策略

企业将部分的分销工作交给各类中间商完成，就意味着放弃了部分的获利机会和销售的部分控制权，同时还要承担合作中可能出现的各种风险。但绝大部分企业在权衡利弊之后，依然会选择使用分销渠道来销售自己的产品。这是因为分销渠道无论对于企业还是消费者或用户都能带来一些利益。各类中间商有自己熟悉的客户市场，当企业在分销渠道中加入中间商以后，中间商能够帮助企业快速寻找合适的目标顾客、实行产品的集中采购与配送，便利了交易过程，提高了交易的效率；同时渠道成员的专业化也使得分销成本最小化，交易更加规范化，从而减少交易风险，提高产品竞争力。

传统企业的营销渠道主要是批发商、零售商等各类中间商。共享经济平台企业提供的是闲置资源的整合服务，主要借助各类手机 APP，实现与用户的直接接触，具体来说有 C2C、C2B、B2B、B2C 四种类型。共享经济平台企业虽然都有自己专门的手机 APP，但是为了进一步开发用户市场的类型和范围，应选择与微信、支付宝等知名、大型的平台合作，共同推进平台业务，加快提高平台业务量。

案例 5.2：摩拜单车的渠道设计

摩拜单车提供的是单车租赁服务，借助手机 APP，实现摩拜单车与消费者的直接接触，是一种 B2C 模式。由于摩拜单车"无桩"的租赁模式，其渠道相比于传统的公共自行车模式具有距离消费者更近的优点。用户找车、还车，在"无桩"模式下变得极为方便。

用户寻找摩拜单车的方式有两种：第一是根据用户当前的位置，查找附近的单车，在用户选中某个位置的摩拜单车之后，可以进行预约，之后，这辆摩拜单车将会从其他用户的手机 APP 定位中消失，无法再被预约，避免了用户提车时车被其他人提走的情况；第二是用户已经有了出行计划，在 APP 上可以根据出行路线，查找出行路线附近的摩拜单车，用户可以根据自身情况制定灵活的租车策略。2017 年 3 月，摩拜单车与腾讯联合宣布，摩拜单车将全方位接入微信，这一举措，为摩拜单车为进一步开辟市场奠定了良好的渠道基础。[13]

四、促销策略

促销的实质是平台企业与用户之间的信息沟通，最终目的是提升企业品牌形象，引发、刺激消费者产生购买欲望。平台企业通过促销可以实现与用户之间的双向信息沟通，更好地满足顾客需求；同时也能突出平台企业的特色，激发消费者的需求欲望，变潜在需求为现实需求、提升平台业务量；适当的促销活动还可以培育用户对本平台的偏爱，巩固已占领的市场，达到稳定销售的目的。目前，国内共享经济蓬勃发展的同时，带来的是共享经济平台的激烈竞争，产品和市场的同质化问题，迫使平台企业必须积极采取各种线上和线下促销手段，扩大自己的市场份额。

对于线上促销活动，共享经济平台可以提升在微信、微博等公众平台的活跃度，及时了解客户需求，比如，在论坛、社区等发帖，介绍推广自己的手机APP；在腾讯数码、搜狐数码、中关村在线、知乎等共享经济论坛发表软文，吸引用户下载使用。同时还可以利用名人效应扩大品牌影响力，邀请明星或名人大 V 入驻，进一步扩大 APP 知名度。[14]其次，还可开展线上跨界促销活动，即利用平台自身庞大的用户基数，以跨界营销活动的形式为合作伙伴打广告，而合作方的赞助费用将全部或部分作为活动奖励资金以及各种形式的补贴优惠下放到平台用户手中，从而激发和巩固用户的使用意愿，进而形成固定使用习惯，达到促销目的。此外，还可以考虑将营销与传播合二为一，形成品牌闭环，比如让用户在共享经济平台享受服务之后，一键分享给朋友即可获得红包、补贴或奖励金，用户朋友得到的红包可以在下次享受服务时抵减，而分享者也可以获得分享红包，这种方式可以帮助共享经济平台实现平台用户的快速增长。最后，要积极寻找消费者在情感上的薄弱点，利用情感化和场景化进行市场营销来吸引消费者，这也是促销策略的一种手段。

线下的促销活动，则主要是通过广告、报纸、杂志、广播、电视等媒介进行广告宣传。对于广告媒体的选择应考虑平台业务的性质、用户接触媒体的习惯、媒体的传播范围、媒体的影响力和媒体的费用等影响因素。广告的设置应符合共享经济平台的经营理念，反映用户的理性和感性的诉求，同时重视植入广告的设计和推广。

案例 5.3：滴滴出行的促销策略

"滴滴出行"网约车平台的营销是面向车主和乘客的双向营销，起初滴滴采取双向补贴，即司机和乘客每单皆能获得 2 元补贴。这样一来司机和乘客都纷纷接入平台以获得出行上的优惠。而滴滴平台长期持续的补贴，使乘客慢慢地习惯了这种更加便利的打车方式，并获取了大量的基础用户。

当获取了基础用户之后，滴滴对用户进行了细分，针对一些消费者有更加高端的出行需求上线了专车业务，以这部分用户为基础开始吸纳较为高端的私家车车主接入，继续扩大用户规模并加固用户使用网约车平台的习惯。针对私家车车主，打出"共同增加收入"的口号，私家车车主邀请朋友成为滴滴司机将得到高额奖励；针对乘客，由于滴滴和腾讯的合作关系，滴滴将砸钱手段封入了微信红包。当乘客使用滴滴平台完成出行时，有可能获得微信红包补贴，这个红包还可以发送给朋友们一起分享，从而带动自己的关系链接入滴滴打车平台并使用这种出行方式，使用户规模呈裂变式增长态势。一时间，朋友圈里长期被这种微信红包分享和各种代金券分享刷屏。

随着用户规模的不断扩大，滴滴平台再次对用户进行细分，形成高低搭配的产品配合，滴滴快车正式上线。滴滴快车由于对车辆要求不高，而且又给予高额补贴和奖励，在短期之内就吸引了大量低端汽车车主。乘客端仅需花费近乎传统出租车的价格便能享受更加舒适的服务，如果算上滴滴平台给予的快车券、代金券、打折券，使用滴滴快车比出租车更加实惠，这样又使得用户规模再一次获得爆发式的增长，开启了全民滴滴的时代。面对日渐庞大的司机和用户规模，滴滴平台有针对性地采用大数据营销，来巩固用户的习惯并提升服务质量，吸引更多乘客。

在移动互联网时代，传统媒体广告的影响力变得越来越小，如何构建消费全场景，并让消费者融入其中，认可这种场景，继而进行消费则是重中之重。滴滴出行网约车平台在场景化营销方面也做得有声有色。2015 年 4 月 15 日情感场景营销活动"解放加班狗"微信活动，登录微信页面回答问题，评选出"吸血办公楼"就有机会获得数百元专车券。2015 年圣诞节，滴滴专车举办盛况空前的"滴滴圣诞屁屁桔"狂欢会，激发网友呼叫专车前往参与其中。其场景化营销成功俘获部分消费者的芳心。

跨界营销的最大好处是可以使多种完全不相干的、无竞争的行业或者产品进行相互渗透并融合，使相关的产品或行业更加具有深度和广度。同样滴滴出行网约车平台也在不同的领域内进行跨界，比如 2014 年 11 月份，与国美和腾讯共同发起的"颠覆日双 11"大型营销活动；2014 年 12 月与蒙牛合作发起的以庆新春为背景的"牛运红包幸福年"大型营销活动；2015 年与京东合作的

"父亲节把自己打包送回家"活动，以及与小米、华为等电子产品行业公司合作进行线下产品推广合作。跨界营销使得滴滴出行网约车平台渗透到了不同的领域，加深了其品牌的广度和深度。[15]

第四节　共享经济平台营销方案的实施

营销方案是共享经济平台营销推广中管理营销过程，指导、协调营销活动的依据，它涉及两个最基本的问题即企业的营销目标是什么和怎样才能实现这一营销目标。为了实现营销目标，营销部门必须精心策划每一次营销方案，对方案实施中可能遇到的问题进行预测并制定相应的解决措施。

一、共享经济平台营销方案的设计步骤

平台企业在开展营销活动之前，必须确定营销活动的目的及其实施方案。离开营销方案的活动是盲目且脱离实际的，即便完成了也是混乱和低效率的。营销方案促使平台企业内部各部门和全体员工明确工作方向，并保持相互协调一致；促使平台企业集中精力，及时利用机会，降低风险；促使共享经济平台营销活动按照指定内容实施，避免不必要的浪费，节约营销成本；有利于平台企业加强对营销活动的有效控制。共享经济平台企业在设计营销方案时应按照图5.3中的步骤进行。

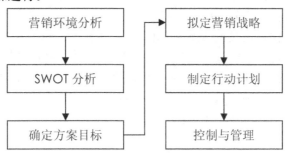

图5.3　共享经济平台营销方案的设计步骤

二、共享经济平台营销方案的设计内容

共享经济平台营销方案一般包括方案摘要、营销现状分析、确定营销方案目标、营销战略、制定行动计划、控制六方面内容。营销方案的制定就是对这些项目进行分析、思考和决策的过程。

（一）方案摘要

方案摘要作为整个方案的精髓所在，一般在营销方案的开头就需要概括性

说明该方案的主要目标和实现措施。通常营销方案需要提交上级主管和相关部门审阅。他们不一定有时间阅读全文，但可以通过摘要快速了解、掌握方案的主要内容和思路。如遇到需要推敲的内容，便可直接阅读方案中的相关部分。所以在摘要后面应当附列目录，也可在摘要的相关介绍里，括号注明具体内容的页码。

（二）营销现状分析

这一部分的内容需要描述宏观环境的背景、目标市场的发展状况、产品概念以及竞争情况。重点说明"企业现在何处，正在面对什么"。具体来说，应针对平台企业的优势、劣势，所面临环境中的机会、威胁进行 SWOT 分析。优势、劣势反映企业在资源、能力方面的特征。优势是内部条件中可用于开发机会、应对威胁的强项，劣势是需要完善的不足之处。机会、威胁是来自外部的能左右企业未来的有利或不利因素。对所有的机会和威胁，要区别轻重缓急加以关注。最后，根据分析结论指出共享经济平台当前所面临的基本问题，并对未来进行主要假设。将机会与威胁、优势与劣势分析的结果，用来确定方案中必须强调、突出的主要方面，帮助形成有关营销目标和战略思路。

（三）确定营销方案目标

营销方案目标具体来说是指营销方案在共享经济平台的市场份额、利润等领域所要完成的目标，它是营销方案的核心，直接决定着企业的营销策略和具体的推广方案。共享经济平台所开展的业务可能会同时追求多个目标，即便只有一个目标，这个目标通常也可以分解为若干次一级目标。因此，在确定营销目标时，要注意目标之间的层次关系、因果关系和主次关系，尤其是目标之间的一致性，防止相互消长的现象。具体来说，确定目标时还应做到：① 量化方案中的每一个目标，明确目标能够被测量并确定好实施期限；② 各个目标应该具有内部的统一性；③ 对每一个目标进行分解处理，明确目标的定义与界限；④ 设定的目标应具有一定高度，但又不能过高，能够激发员工努力完成的目标将有利于提高员工积极性。

（四）营销战略

营销战略主要是对实现营销目标的方式与手段进行构思，营销战略的内容需要包含目标市场、市场定位、营销渠道以及费用等方面，制定营销战略能够有效推进共享经济平台企业达到营销目标。

目标市场是共享经济平台打算进入并在其中提供服务的细分市场。不同的细分市场的顾客偏好、顾客反应和营利潜力各有特点，平台企业能够或愿意满足市场需求的程度方面，也有不同的想法和要求。要精心选择目标市场，慎重分配资源和力量。

定位是共享经济平台吸引现有的或潜在用户的基础，实质是差异化，需要平台企业通过相应的营销组合创造性地加以体现。成功的定位应当突出自身优势，与竞争对手有明显的、可感知的差异，能得到目标市场、潜在用户的喜欢、信任。

营销组合是对选定的细分市场，依据其特点并根据定位的要求，全盘考虑、运用产品、价格、分销和促销等营销手段，并有效地进行"整合"。通常，营销组合会有多种方案可选择，要辨明主次、从中选优。确定了具体的营销组合策略之后，还应预估出大致的营销费用。

（五）制定行动计划

行动计划是将营销战略转化为具体的操作行为，必须具体化，要形成整套的战术。平台企业要从做什么、何时做、谁来做、花费多少以及达到什么效果等方面，统一考虑实施营销战略涉及的因素及所有内容。可以把具体项目用图表等形式表达，使所有任务、环节一目了然，便于执行和控制。

行动计划中需要编制出各项活动的预算。预算是执行方案所需的费用、用途和理由。所以在进行预算时既要列出各项成本，还应预测销量和收益，进行盈亏平衡分析。方案预算经上级主管批准、同意后，就成为实施该方案的依据之一。

（六）控制

控制是营销方案的最后部分。主管部门需要分析未能完成的方案计划并分析原因，对未完成环节的负责部门提出修改意见，确保整体方案的顺利完成。在方案的控制部分，一般还包括应急预案，列举可能遇到的突发事件或其他不利事态，发生概率和危害大小，防范、应对和善后措施，防患于未然。

三、共享经济平台营销方案的实施

（一）营销方案的实施过程

1. 形成行动计划

有效地执行方案，需要详细、具体的行动计划，以明确计划中的关键性环境、项目和措施，把任务、责任分配到个人、团队或部门。同时，平台企业相关部门还要结合考虑日程安排，即每个行动确切的起始、完成时间。

2. 调整组织结构

在方案实施中，共享经济平台组织结构应与任务相一致，同自身特点、环境相适应。必须根据战略、计划的需要，适时调整、完善组织结构。

3. 完善规章制度

要保证营销方案落在实处，平台企业必须明确与方案有关的环节、岗位、人员的责、权、利，建章立制，制定具体的奖惩措施，对营销活动进行约束和管理。

4. 协调关键流程

为了有效实施战略、战术，考虑行动计划、组织结构、规章制度等因素，尤其是相关机构、人员在大目标下的协调一致，平台企业需要界定各部门工作关系，构建作业流程，保障操作层面的相互配合。

(二) 营销方案实施中常见问题及原因

1. 营销方案脱离实际

共享经济平台营销方案的制订者与执行者不会是同一个人，通常专业人员负责方案制订，基层员工负责方案的操作与执行。而专业人员制订营销方案时，可能会更多地考虑总体方案及原则，忽视方案实施的过程和细节，使得营销方案过于笼统和形式化；此外，如果专业人员不了解实践中的具体问题，与基层人员又缺乏交流的话，会令基层员工无法完全理解方案执行精神，致使方案执行过程中困难重重，最终可能会导致方案制订者与执行者的对立与互不信任。相对来说，基层营销人员更了解实际情况，所以，制订营销方案时，不能仅仅依靠专业人员，应由专业人员协助营销人员，共同讨论和制订。

2. 因循守旧的惰性

共享经济平台企业借助互联网发展而来，本质上与传统企业就存在着很大的差异性，而差异性又是当今企业获取独特竞争优势的最大砝码之一，因而共享经济平台应结合网络特点制订新的营销战略、战术。然而，新战略、新战术一般是不合传统与习惯的，往往容易遭到抵制。新旧战略、战术之间差异越大，执行时遇到的阻力可能越大。要推动与原来思路截然不同的营销方案，需要共享经济平台企业打破传统思维，更多地借鉴互联网思维，大胆革新。

3. 缺乏具体、明确的行动计划

不少营销方案之所以失败，是由于没有切实可行的行动计划，各部门、各环节缺乏协调一致性。因而，共享经济平台企业在制订营销方案时，应让各个相关部门人员都参与进来，深刻了解方案的精神和内涵，注意方案执行中的细节，在方案执行的过程中，各部门应分派专门的负责人与执行负责人对接，及时解决执行过程存在的问题和障碍，保证营销方案的顺利实施。

四、共享经济平台营销方案实施过程中的监督管理

营销方案实施过程中的监督和管理，本质上就是市场营销控制。所谓市场营销控制是指市场营销经理对市场营销方案的实施进行定期的检查与管控，检查方案的实际执行情况与计划是否一致，如果出现偏差或是未能完成计划则要找到问题源头，提出改进计划并采取相应措施，确保市场营销方案的顺利实施与完成。对于市场营销活动进行的控制，一是要控制市场营销活动本身，二是

要控制营销活动的结果。

由于营销方案实施的过程中总会发生许多预料不到的事件，因此平台企业营销部门必须对营销活动进行控制，才可以避免和纠正产生的各种偏差，使全部生产营销活动向着预定目标进行。在营销方案执行的过程中，要时刻监督方案的执行情况，重视出现的任何偏离方案的情况；并要及时判断此类情况产生的原因；在分析原因，得到结论后，监督控制人员必须及时改进，促使营销活动步入正轨。为实现营销目标，必要时可以改变行动方案。

参考文献

［1］艾媒咨询. 2016 年中国互联网"共享经济"研究报告［R］. 北京：艾媒咨询，2017.

［2］于凤霞，高太山. 当前我国共享经济发展的四大特点与五大趋势［J］. 中国物价，2019
(6)：19 - 21.

［3］张新红，高太山，于凤霞，等. 中国分享经济发展报告：现状、问题与挑战、发展趋
势［J］. 电子政务，2016 (4)：11 - 27.

［4］张越. 分享经济：向日常化细分［J］. 中国信息化，2016 (12)：44 - 45.

［5］艾媒咨询. 2018—2019 中国共享经济行业全景研究报告［R］. 北京：艾媒咨询，2019.

［6］中国互联网协会. 中国互联网发展报告 2017［M］. 北京：电子工业出版社，2017.

［7］腾讯研究院. 2016—2017 分享经济发展研究报告［R］. 2017.

［8］杨学成，涂科. 共享经济背景下的动态价值共创研究——以出行平台为例［J］. 管理评
论，2016，28 (12)：266.

［9］范涛. CPE 北京分公司发展战略研究［D］. 天津：天津大学，2005.

［10］宋海霞. 大连屹海包装有限公司营销策略研究［D］. 大连：大连理工大学，2012.

［11］周换换. 滴滴专车平台的竞争策略分析［D］. 南京：南京大学，2016.

［12］尹路杨. 平台型产业的垄断过程与规制研究［D］. 北京：北京交通大学，2017.

［13］何娟. 摩拜科技有限公司共享单车的营销策略研究［D］. 武汉：武汉纺织大学，2017.

［14］熊春，杨樱. 共享经济时代下"共享美食平台"的营销推广策略浅析——以"回家吃
饭 APP"为例［J］. 科技资讯，2017 (19)：223 - 224.

［15］李学民. 北京小桔科技有限公司"滴滴出行"网约车平台营销策略研究［D］. 长春：
吉林大学，2017.

第六章 共享经济平台公共关系管理

第一节 共享经济平台的客户关系

一、客户满意与客户忠诚

（一）客户满意

通过创造、传播和交付优质客户价值，在满足客户的需求，提高客户的满意度的同时实现企业包括营利在内的目标，是现代市场营销精神的根本。所谓客户满意，是指客户在收到产品或体验服务前后对其的期望和评价进行比较得出的感受。客户满意与否，很大程度上受实际收到产品和体验服务后的绩效与原有期望之间差异的影响，如果绩效大于期望，客户会十分满意；如果绩效小于期望，客户则会产生失望、不满意的情绪；如果两者相当，也属于满意的范畴。[1]客户对产品和服务的期望与过往的购买经验、周围的评价及营销者和竞争者提供的信息相关。如果一个企业使顾客的期望过高，则容易引起购买者的失望，但是，如果企业把期望定得过低，虽然能使买方感到满意，却难以吸引大量的购买者。

客户对满足其需要的感知效果（绩效），既是企业的预期，也是顾客通过购买和使用产品的一种感受。它尽管是客户的一种主观感受，但却是建立在"满足需要"的基础上的，是从客户角度对企业产品或服务价值的综合评估。共享经济平台企业应当对客户的心理感受进行及时了解，并根据反馈进行针对性的服务策略调整，有利于满足客户的需求，实现客户满意。

（二）客户忠诚

高度的客户满意是达到客户忠诚的重要条件。客户忠诚简单来说表现为重复购买行为，如果客户对共享经济平台企业有忠诚感，则会增加共享经济平台服务的使用频率或是延长使用时间，减小流向其他平台企业的可能性。客户忠诚在推动平台企业发展中担任重要角色，一般体现为思想感情上和行为方式上的忠诚，但只有行为上的忠诚才能为共享经济平台带来实质上的收益，当然最为理想的"客户忠诚"则是思想感情与行为方式两种忠诚的综合。

（三）客户满意与客户忠诚的关系

客户满意与客户忠诚间形成的是一种正比关系，即随着客户满意度的不断增加，客户忠诚度也会随之增加，反之客户忠诚度也会随着客户满意度的下降而降低。实际生活中，客户满意转化为客户忠诚是存在可能性的，例如客户满意度更高的一家企业更容易留住客户。虽然无论是客户满意还是客户忠诚都不是企业营利的必要条件，但是客户满意度和客户忠诚度越低的企业其营利就越为困难。对于共享经济平台企业而言，只有增加更多忠诚的用户才能不断提高其市场竞争力，因此只有努力提高客户满意度和忠诚度才能达成这一目的，忠诚客户的频繁购买以及长期支持能够为企业树立良好形象，增加企业收益。[2]

二、客户认知与客户细分

客户，是指一个企业所有的服务对象（如企业股东、雇员、顾客、合作者、政府官员、社区的居民等）。客户，是企业生存与发展的根基，是企业的利润来源。共享经济平台的客户，一般来说，是使用平台的用户。客户与顾客不同，客户主要由专门的人为其服务，而顾客则可以由任何的人或机构为其服务。引用营销学中对客户的定义，共享经济平台的用户、合作伙伴、企业内部工作人员皆称为客户。与传统企业类似，共享经济平台企业的客户也可以按照以下几种方式分类。

（一）按时间顺序分类

过去型客户，是指过去曾经使用企业平台享受产品或服务的人。这些客户可能只使用一次，也可能经常使用。只要从前有过交易记录，这些人即使不再使用本企业平台，也仍然是平台企业的客户。

现在型客户，是指正在使用企业平台享受产品和服务的人。即使是第一次，只要正在使用平台，无论是否成交，都是平台企业的客户。

未来型客户，是指将来有可能会使用企业平台享受产品或服务的人。这类人群范围非常广泛，有些人现在没有能力成为你的客户，但并不表示他将永远如此，也许有一天会因条件成熟而成为你的客户。因此，这些潜在客户都是广义的客户。

（二）按企业边界分类

1. 内部客户

内部客户是指平台企业内部的从业人员、基层员工、主管，甚至股东。内部客户符合客户定义，他们满足一般性（外部）客户的特性。对企业来说，他们是具有多重身份的群体，更是需要首先满足的群体。常见的内部客户因工作关系可细分为三种：一是水平支援型，彼此独立工作，如遇困难则相互帮助，这种组织常见于一般的服务业；二是上下源流型，某员工的工作承接自另一位员工，而自己的工作完成之后又必须转给下一位员工，这是一种承前启后的模式，在工厂中较为常见；三是小组合作型，它是以上两种模式的综合。对于共享经济平台而言，其内部客户类型主要是第一种和第三种。

2. 外部客户

外部客户通常指共享经济平台的用户，可以分为两类。一类是显性客户，指能为平台企业带来眼前利益的用户，是企业的衣食父母。这类客户必须具备以下条件：具有足够的消费能力；通过平台对某种商品具有购买的需求；了解平台使用流程；可以为从业者带来立即收入，这类客户是平台企业极力争取的消费群体。另一类是隐性客户，在显性客户之外，几乎都是隐性客户。这类客户具有特征：目前预算不足，暂时不具备消费能力；可能具有消费能力，但暂时没有通过平台购买商品或服务的需求；虽然具有消费需求和购买能力的可能性，但却不怎么了解平台的相关信息；有可能随环境或需求的变化变为显性客户。

（三）从营销角度进行分类

1. 经济型客户

这类客户是"便宜"的忠实拥护者。他们关心的是投入较少的时间和金钱得到最大的价值，往往只关心商品或服务的价格；他们这次通过某平台企业购买商品或服务，是因为便宜，下一次也可能因为另一平台企业的价格更便宜而购买其商品或服务。

2. 道德型客户

这类客户觉得在道义上有义务光顾社会责任感强的企业，这类客户忠诚度非常高，但平台企业需要具有良好的声誉。

3. 个性化客户

这类客户追求独特性，需要人际间的满足感，如认可和交谈。

4. 方便型客户

这类客户选择服务的重要标准是"方便"，且愿意为个性化服务额外付费。

（四）从共享经济平台企业的角度进行分类

从共享经济平台企业的角度，按照客户对平台企业业绩的贡献值的大小，还可以将客户分为一般客户、合适客户和关键客户。其中一般客户在平台企业的客户总数中所占比例最大，但贡献值最小，而关键客户则正好相反，合适客户则介于二者之间。这样分类的原因主要是由于任何一个企业都不可能拥有无限的资源，因此共享经济平台企业应有效利用其有限的资源满足关键客户和合适客户，最大化地平衡客户价值与企业价值。

（五）从资源供需角度进行分类

共享经济属于双边市场范畴。[3]故从资源供需角度对共享经济平台企业客户进行分类是最常见的客户分类方式。共享经济平台的客户包括资源供应客户和资源需求客户，二者通过共享经济平台相互连接。资源供应客户指的是闲置资源的提供者，他们在共享经济平台所制定的规则之下面向全社会提供自己的闲置资源。资源需求客户是指通过共享经济平台获取他人闲置资源的需求者，他们通过共享经济平台与资源供应客户取得联系，以满足自身的需求。

共享经济平台的资源供应方利用其既有闲置资源为需求端用户提供服务，"既有"和"闲置"是共享经济赋予资源的两重属性。"既有资源"表示资源所有者与资源之间本质上是消费者与消费品的关系，消费者最初是出于消费的目的购买这项资源，对其拥有控制权、使用权、收益权等所有权。例如个人所拥有的房屋或汽车大部分时间处于闲置状态，此时就可以将其使用权临时让渡给其他人，从而创造出更多的价值并获得额外收益。[3]与传统主流商业有计划的生产和销售相比，共享经济平台的资源供应方不需要重新生产实体产品，而是利用现有资源来实现交换。

共享经济平台的资源需求客户最大的特征表现在无须"先拥有，再使用"，其消费形式是基于使用权的消费，而非所有权。[3]这种消费形式使得消费者可以直接将注意力集中在单次使用上，满足了人们还不足以触发购买决策的需求。现实中，在房屋、汽车租赁领域，或者在图书馆、艺术馆等公共领域中，一直存在基于使用权的消费形式。但共享经济的出现扩大了这一消费形式的使用范围。

共享经济平台连接的双边客户都是个人，所有参与者本质上都是分散的消费者，在某一个具体交易中可能是具体的供给方与需求者，但双方角色在不同的时间、地点，不同的交易事项中是可以相互转换的，二者都是参与者，地位对等。

三、客户保有

客户保有是共享经济平台对现有客户进行服务和维护，提升客户价值，确保他们能够长期、持续成为本平台客户的方法和行为。具体来说，客户保有要确保客户使用平台的过程是满意的；通过对平台的使用，客户价值不断提升的同时，也能够为平台企业带来更多的效益；客户保有过程中要注意控制成本，以达到事半功倍的效果。

客户流失通常由不同的原因导致，因此对于共享经济平台而言如何评价客户流失具有较大的复杂性，而共享经济的快速变化也增加了这种复杂性。在客户流失的管理上，管理者必须了解客户流失具有必然性，网络信息技术的日新月异，使得新技术的生命周期越来越短，同类市场竞争者对于市场的瓜分，都是共享经济平台客户流失的原因。以共享单车为例，2016年是共享单车发展的元年，一出现即引起了人们的追捧，继 ofo 的黄色单车之后，橙色的摩拜、蓝色的哈啰单车、绿色的优拜单车、浅蓝色的小鸣单车等不同颜色的品牌单车不断走上街头。作为龙头企业的 ofo、摩拜等在该领域获得的是快速发展，而其余的大多数二三线单车品牌面临的是破产倒闭，由于市场的"洗牌"速度十分迅速，因此也导致了较大的客户波动。客户有可能只是因为喜好的变化而转向其他共享经济平台，这也侧面反映了平台企业虽然深处激烈的竞争当中，但客户的转移成本确是十分低廉的。[4]

此外，由于共享经济平台闲置资源提供者的松散性，使得共享经济平台企业很难对其进行组织管理，无法对平台用户的身份、道德水平甚至从业资格进行确认，对平台用户进行相关的职业操守、从业安全方面的教育培训更是难上加难，再加上多数共享经济平台企业自身安全管理制度的不健全，极大可能会发生某些意外状况，致使共享经济平台用户出现利益损失，甚至危及人身安全。如滴滴出行顺风车乘客致死事件，类似恶劣事件的发生，势必会让社会公众对于涉事平台产生极大的反感与排斥，导致涉事平台客户流失率猛增，增加了共享经济平台客户保有的难度。因而，共享经济平台企业在专注客户保有的同时，也应该加强对平台客户的筛选力度，以维护广大共享经济平台用户的利益。

总之，共享经济平台企业需要明白，并非所有的客户流失都值得关注，对于一些蓄意流失客户，也不一定要实施客户保有，比如信用较差客户等。即使希望保有这部分客户，也需要先衡量这些客户的重要性再进行决策。当然，客户的保有工作也必须在客户细分的基础上进行客户价值和流失概率的计算。

案例 6.1：滴滴出行顺风车女乘客致死事件

2018年滴滴出行旗下的顺风车业务接连发生了两起安全事件。2018年的5月，一名21岁的女空乘在郑州市航空港区搭乘滴滴顺风车回市区的途中惨遭司机杀害；同年8月，温州一名20岁女孩乘坐滴滴顺风车也惨遭司机杀害。后者发生时间还是在滴滴出行对社会公示的安全整改期内。

事件发生后，引发了社会对整个网约车行业的质疑。2018年的8月26日，滴滴宣布全国范围内下线顺风车业务，连锁反应导致了高德、嘀嗒都暂停顺风车业务。2018年9月5日，交通运输部协同监管部际联席会议相关成员单位和应急管理部组成了安全专项检查组，对网约车行业开展进驻式检查，被检查企业包括滴滴出行、高德、嘀嗒出行、神州专车、首约汽车、曹操专车、美团出行、易到用车等八家网约车及顺风车平台企业。安全专项检查组对每家企业在安全、管理、合规等方面存在的问题提出了整改要求，八家平台企业积极处理了自身的安全管理问题，并向社会公示了其整改措施。[5]

四、客户共享信息平台

移动互联网、云计算、物联网等技术的迅猛发展以及数据存储工具在日常生活中的逐渐普及，全球的数据开始展现出爆炸式增长，人类社会开始进入大数据时代。在大数据的时代背景下，共享经济平台企业应借助大数据技术在传统客户关系管理的基础上，改善对数据的有效信息的处理，将提炼出来的有效信息真正运用到客户身上。建立客户共享信息平台，就是将大数据技术与客户关系管理相结合的一种很好的途径。

客户共享信息平台对于企业而言，提供了与客户建立长期关系的机会，对于客户而言，则是提供了更为全面的服务，客户共享信息平台利用计算机信息治理系统来维护和利用客户的信息数据，这充分体现了关系营销的理念。[6]与客户建立相互信任的、稳定的、能够有效沟通的互动关系也是支撑共享经济平台持续发展的一个关键，充分利用客户共享信息平台，能够高度整合各个部门的信息，体现企业以客户为中心的经营观念。

客户共享信息平台应能够有效地集中各个部门所收集的客户信息并存储起来，公司内部的各个部门都可以共享这一客户数据库，对于某个客户使用平台服务的时间地点等信息，得到权限允许的企业员工都可以从该平台上进行查询，这也能够为客户提供更具有针对性的和高质量的服务，继而达到较高的满意度，形成客户忠诚。

相较于共享经济平台，使用平台的供需双方在信息掌握上处于劣势，这也为平台用户带来了诸多困扰。例如：Uber刚进入中国市场时，为了占据市场份额在价格补贴上不设置上限，导致很多司机为了获取更高的收益，通过刷单获取补贴套取资金，有资料显示，在补贴高峰期，有司机一周的净收入就高达7万元。[7]因此，还可以考虑在客户共享信息平台中引入信用评价体系，从而进一步提高平台交易效率，降低交易成本，信用评级越高，成本就越低。共享经济平台应重视高信用评级用户的进入和维护，对于低信用评级用户建立黑名单制度，通过客户共享信息平台监督这类用户的行为，一旦此类用户不听规劝，持续做出违反规定的恶劣行为，伤害其他用户权益，即可将其加入黑名单进行惩罚。

第二节　共享经济平台媒体维护策略

截至 2017 年 6 月，中国网民规模达到 7.51 亿，占全球网民总数的五分之一；互联网普及率为 54.3％，超过全球平均水平 4.6 个百分点；手机网民规模达 7.24 亿，网民中使用手机上网的比例高达 96.4％。[8] 由此可见，中国是名副其实的网民大国，但从互联网普及率来看，中国还有约 46％ 的非网民。共享经济平台的发展虽然依托于互联网，但其目标顾客却不仅仅只有网民，而应该是所有愿意分享和使用闲置资源的人，这些人应该包括网民和非网民。所以，共享经济平台媒体维护策略的实施要兼顾传统媒体与新媒体。广播、电视等传统媒体能够帮助共享经济平台在非网民中进行宣传，加深他们对于共享经济平台的印象和认识，与传统媒体的良好合作能够为共享经济平台带来更好的传播效果。借助于数字技术、网络技术发展而来的新媒体有着传统媒体不可比拟的传播优势，提高新媒体的传播能力能够帮助共享经济平台在日益激烈的竞争中抢占发展先机。

一、设置专项传播部门

过去大众将传播和宣传的概念画上等号，且新媒体环境下的公众对宣传较为抵触，导致了信息的有效传播存在一定难度。因此共享经济平台需要基于新闻传播的基本规律、依靠新媒体平台的特性，以大众喜欢的方式对平台企业的形象进行传播。而想要达到良好的传播效果，就必须让行家来从事共享经济平台的传播活动，设置专项传播部门，继而设立传播专员来为共享经济平台及其推广的各项活动进行专项传播策略设计，从而提高共享经济平台的传播专业性。

二、善于利用社交媒体

通过微博、论坛等社交平台和其他的社交工具对企业、品牌进行宣传，有利于提高共享经济平台的大众知名度，进而提升营销效果。借助社交媒体进行宣传，一个最重要的原因在于它能以很低的成本，达到广泛传播的效果，性价比极高；此外，它还能改变消费者对品牌的态度，增强消费者对企业产品的购买意愿，增加共享经济平台企业的价值。

凭借社交媒体，共享经济平台能够与消费者建立起一种长期、可持续的关系。在这种关系的培养过程中，共享经济平台通过与消费者的交流互动，能够让消费者了解并接受企业的价值观、愿景，达到宣传企业的效果，继而可以培养消费者对品牌的认知感、归属感，提高其对平台的忠诚度。

三、建立良好的媒体关系网

媒体对共享经济平台的重要性不仅体现在共享经济平台发展初期对共享经济平台的认同性，还体现在其能为共享经济平台的发展争取更多资源。共享经济平台在与媒体打交道的过程中要注意发展媒体关系网，让更多的媒体人参与到共享经济平台所举办的活动中来，这不仅有利于共享经济平台借助媒体扩大影响力，同时也可以让媒体人更深入地把握共享经济平台的文化理念、营销理念，从而进行更好地传播。

如今社交媒体层出不穷，已经渗透了大众的日常生活，因此共享经济平台要与媒体建立起良好的关系，借助媒体的正面报道对自身形象进行有效传播。同时关注到数字经济与社交媒体的协同发展，共享经济平台还应特别注意这类新兴媒体在制定媒体关系策略中的重要作用。

四、全网布局新媒体，多渠道传播扩散

在自媒体时代，大众使用共享经济平台还受到使用者对媒介的喜好程度的影响。共享经济平台在利用新媒体传播信息时，要意识到新媒体是具有业务发展和传播的双重渠道身份的。由于新媒体的更新换代十分迅速，共享经济平台应该时刻关注新媒体的变化，应用当下最新、最热门的媒介进行推广、宣传活动。新媒体环境下共享经济平台的传播竞争主要是传播渠道的争夺，因而，为了扩大传播范围，共享经济平台应根据不同媒体的受众进行传播上的合作，可以重点关注热门新媒体平台的建设与运营，例如微博、微信、支付宝等。

五、细分各类媒体受众，精准宣传

各具特点的媒体其受众群也各不相同，因此为共享经济平台提供的服务也各有特点。共享经济平台通过媒体进行信息传播时，需要细分各类媒体的受众群，对不同受众人群进行有针对性的内容传播，扩大传播效果。

六、提升媒体动员的主动性

虽然真实、客观、公正是媒体一直以来秉承的工作原则，但"拟态环境"理论也说明了偏向在传播中是存在的。共享经济平台要意识到大众传播媒介在传播过程中对于所传播的内容会呈现出有意或无意的偏向。因此共享经济平台要主动、积极地与媒体沟通，避免传播错位的情况出现。如果共享经济平台作为活动的组织方，应该尽可能地让内部工作人员撰写新闻稿，为大众传递更真

实的信息。

第三节　共享经济平台政府支持策略

以共享租车为代表的共享经济的快速发展，推动了中国资产权属、组织形态、就业模式和消费方式的革新，国家也连续出台多项政策大力支持该模式发展。2016 年 3 月，国家发改委等十部门联合印发《关于促进绿色消费的指导意见》，国家首次对共享经济持鼓励态度，对共享经济的创新模式提供了监管上的支持，并为信用体系的完善进行助力。同年 7 月，《国家信息化发展战略纲要》发布，表示共享经济已经成为国家信息化发展战略的重点关注对象。[9] 2017 年 3 月，第十二届全国人民代表大会第五次会议上，共享经济再一次登上了政府工作报告。2017 年 6 月的国务院常务会议上，部署了促进分享经济健康发展四大举措，进一步推动创业创新便利群众生产生活。7 月，国家发改委发布了共享经济相关的规范文件，这一系列政策的出台都反映出国家对共享经济发展的大力支持。[10]

近年来，中国共享经济创新创业活跃，发展迅速，推动中国经济社会发展的同时也带动了大众创业、万众创新的深度发展，但是，共享经济还存在着定义不统一、管理不到位、保障体系不完善等诸多问题。因而，除了发布纲领性的政策文件外，国家政府还应从以下几个方面制定具体措施，以推动共享经济高效、高质、持续发展。

一、财政直接投入

财政资金是指以国家财政为中心的预算资金、国债资金及其他财政性资金，包括了中央、地方政府的财政收支以及与国家财政相关的企业、事业和行政单位的货币收支。[11]政府可以加大在共享经济领域各行业的财政投入力度，鼓励、引导共享经济的发展。具体来说，财政资金对于共享经济的支持方式可以分为以下三类：① 财政扶持企业个体；② 财政扶持具体项目；③ 对于共享经济创新科研进行奖励。

二、税收优惠

政府应加强共享经济平台企业的税务相关信息的采集工作和风险分析工作，制定与之协调的税收征管措施；提高共享经济纳税的信息化水平和服务能力。[10]此外政府还可以通过税收递延、税收抵免、税前扣除等方式来实现对企业的扶持和优惠，例如减免所得税、降低投资税、取消附加税等措施能够有效鼓励共享经济平台企业的发展。[11]

三、实现公共服务资源共享、加大政府采购力度

为进一步支持共享经济发展，政府部门应拓宽公共数据资源、服务资源的共享范围，加大共享经济领域内的产品以及服务的购买力度，在降低相应的服务成本的同时，关注公共服务效率的提高，考虑共享经济与公共基础设施建设的结合发展，逐步完善相关政策。

四、非财政支持

除上述财政支持外，政府还应鼓励具有人才、设备、平台等创新资源的组织进行资源分享，例如企业、科研机构及高校等。常见的措施有建立科技园、专业化众创空间、科技孵化器等，通过这种非财政支持的手段为共享经济平台企业提供人才、培训经验，引导产业聚集帮助共享经济平台企业发展。[11]同时也可以对研究人员的科技成果进行奖励、对大学生的科技项目进行奖励和资助等。

五、建立信用管理制度

政府应该充分利用互联网上的信用数据，与企业建立合作的信息共享机制，不断完善现有的征信体系。通过引导共享经济平台企业利用大数据技术、双向评价、第三方认证等手段不断补充相关主体的信用信息，对资源提供者进行相应的身份核验、信用评级和信用管理，从源头上提高平台企业的管理能力。[10]

六、监管创新

共享经济平稳、健康地快速发展离不开政府部门的有效监管，而共享经济在时间地点上的不受限制也对当前的监管模式提出了新挑战。为此，中国政府相继出台了许多与出行、互联网金融、网络直播等共享经济领域相关的监管政策，进行了初步的创新探索。以网约车新政为例，2015 年 10 月发布的《网络预约出租汽车经营服务管理暂行办法》（征求意见稿）、2016 年 7 月发布的《网络预约出租汽车经营服务管理暂行办法》，以及 2016 年 11 月之后，各个地区对于网约车新政的实施细则也陆续出台。[9]在网络直播、互联网金融等领域也出台了一些新的监管政策。

七、建立健全新业态法律法规

目前中国的法律法规越来越无法满足共享经济下众多新业态的发展需要。

这主要表现在平台企业的法律地位和责任界定不清；资源提供者、消费者的权利、责任及义务界定不清；关于平台的性质认定、行业归类、新型劳资关系、从业者和平台的税收征缴等尚无明确规定；没有形成健全的消费者投诉和纠纷解决机制等。[9]因而，政府部门还需针对以上各个方面制定出具体的法规政策，为共享经济在中国的健康、持续发展建立良好的政策环境。

第四节　共享经济平台运营危机管理策略

分享经济舆情大数据报告（2017）显示，目前的共享经济领域的负面舆情集中在安全、隐私、服务质量以及价格垄断四个关键词，如果不对相关问题进行解决将会极大地影响共享经济的发展。面对负面舆情，平台企业应及时进行危机公关，制定具体的危机管理策略。

管理学家斯蒂文·芬克提出危机的生命周期包括四个阶段，分别为危机潜伏期、危机突发期、危机蔓延期和危机化解期。第一个阶段是危机潜伏期，潜伏期因特征不明显较易被企业忽略，但是也是很容易将危机扼杀于萌芽的阶段。第二个阶段是危机突发期，危机在该阶段突然爆发和扩张，并将对企业造成严重威胁和直接损害。此阶段的特征是事件的急速发展和严峻态势的出现。第三个阶段是危机蔓延期，根据企业管理能力的不同，该过程的持续时间也会相应地延长和缩短。企业在该阶段的公关工作主要是减少危机突发期给企业造成的伤害。第四个阶段是危机化解期，虽然企业已经化解了危机事件造成的负面影响，但是依旧要保持高度警惕防止危机卷土重来。[12]

一、危机的监控与防御

对于危机，平台企业应当防患于未然，除了维护日常的传播渠道，还需要从内部建立起危机监控以及管理体系，对于平台企业相关的舆情信息进行监控。

共享经济本质上是网络经济，如果事先没有建立监控体系，在缺少专业网络危机处理人员及相关资源的情况下，当平台企业负面消息突然爆发时，将无法应对新媒体所体现出来的爆发性和"病毒"式传播，丧失最佳的处理时机。

（一）传播渠道的日常维护

平台企业的专项传播部门应定期与各类传统媒体记者沟通交流，通过与媒体编辑、记者开展各种联谊活动来构建良好关系，进而逐渐影响媒体报道的论调。同时，平台企业应积极通过广告投放、软文宣传等方式向外界传递企业的文化、品牌内涵及其他正面信息。在平台企业面临突发危机时，与传统媒体所建立起来的良好关系网能够最大化地抑制企业负面消息的传播。当然在新媒体时代，封闭危机事件相关信息的传递是不可能的，但与传媒的良好关系能够为企业在危机爆发后争取更多的时间进行公关。[12]

同时，平台企业应该借助新媒体的力量，对大型门户网站、社区类网站、影响力较大的论坛等平台进行充分关注，与网站、论坛等平台建立长期的合作关系，与这些平台的用户建立良好关系，利于传播企业的正面消息。

平台企业不仅要维护自身的官方网站，还需要依靠当下热门的自媒体平台，例如在微博、微信公众号等平台上与网民进行良好互动，通过消息的推送扩大企业在各个平台的影响力，在平台用户的心里树立良好的企业形象。

（二）及时搭建网络监测平台

为了能够及时发现并解除危机，平台企业可以通过人工检测和技术支持相结合的方式，对网络信息进行全方位的检查与监测，提前发现可能引发危机的信息。

网络空间需要监测的媒体除了各大门户网站、传统媒体网络版以及有影响力的社区和论坛之外，也要把微博、论坛、视频分享、问答网站等也纳入监测范围。在条件许可的情况下，利用专业技术手段，统计和分析搜索引擎的曝光指数、预警指数以及分布等数据，重点聚焦网络舆论的发展趋势、来源分布、热门关键字等内容，从危机信息诞生的源头进行管控，真正做到防患于未然。

（三）做好危机公关预案工作

互联网时代下的企业危机具有不可预测、传播快的特点，为最大程度地降低损失，平台企业应当制定完善的危机应急预案。应急预案的制定应当借鉴同行业成功的危机公关案例，结合平台企业自身的具体情况制定应对措施。

首先，建立危机公关案例库。按照不同的类别收集国内外共享经济平台的危机公关案例，从案例的整理和分析中总结经验，针对有可能出现的危机类型制定相应的解决方案。其次，制定全面的危机公关计划。对于内部危机，公关计划的内容应该包括平台企业在危机出现后，如何与员工沟通，如何不波及员工们的相关利益，企业会向员工们提供哪些辅助工作，等等；对于外部危机，公关计划的内容应该包括：第一，危机发生后如何与公众沟通。如果提前预备了各种不同的通稿，危机发生后第一时间发出，能为平台企业节省很多时间。第二，将事先安排好的人员、调查器械等危机调查程序启动。第三，开始危机事件的处理。第四，危机处理后对公关效果进行评估。[12]

（四）组建危机公关领导小组

由危机公关领导小组制定相应的危机管理制度与流程，成立危机管理小组，对可能出现的危机种类进行分析，当危机出现时，按照规定的危机处理步骤实施对应的危机处理措施，从内部遏制危机苗头的生长。确定平台企业第一和第二发言人，严禁发言人以外的人就事件对外发言，确保在任何时间爆发危机，平台企业都能迅速做出反应。

（五）开展危机公关演练

为了提高内部员工的危机管理意识和公关处理能力，平台企业应当不定期地进行危机公关演练。另外在人力资源的培训计划上，应该增加如何处理突发事件的内容，并模拟企业领导层异动、产品或服务质量出现问题等危机情形，提高平台企业的公关团队和员工应对危机事件的能力，增强员工的团队意识和企业认同感。[12]

二、危机的处理与沟通

一般在危机事件发生后，平台企业的一举一动都会受到媒体和公众的关注，因此平台企业应该马上启动危机事件的应对方案，通过各类媒体和平台向公众道明真相原委，而不是执行"鸵鸟公关"，一味逃避。在危机事件持续发酵期间，平台企业也必须保持端正的态度，适时采取有效、正确的措施。

（一）迅速回应负面消息

新媒体时代下，危机通常爆发于线上，主要源头有微博、论坛、贴吧等。网络的传播速度快，若平台企业没有及时回应负面消息，容易被视为态度恶劣。回应负面消息的速度是影响平台企业形象的一个重要因素，能够调节企业的危机公关难度。如果平台企业在 24 小时内做出回应，则能够有效地缩短危机的持续时间，而如果超过 24 小时才进行首次回应，危机的持续时间将会显著延长。[13]因此，在危机出现之后，回应时间越短，危机处理的效果就越好。

（二）积极沟通媒体传播正面消息

平台企业在危机产生后应该马上发表官方声明，对舆论走向进行引导，达到以正视听、澄清事实的效果。来自奥美公关的调研显示企业开设官方微博有助于危机管理。平台企业应该及早建立官方微博，整合自己的社会化媒体资源，一旦出现危机，就能快速地予以回应。在危机公关时，如果平台企业高管及时出面，以和网民直接对话的形式做出回应，收效会更好。但要注意的是，企业在第一时间表示"意识到事件的发生，承诺调查，但，不过早下结论"，效果可能会更好。[14]

面对媒体问询时，平台企业应该诚恳地公开道歉，对有关问题进行认真回答，除非有尚未核实的消息，否则平台企业应该避免用沉默行为应对公众，更不能寻找借口将自身责任进行推卸，这些举动容易给公众留下没有担当的印象。[12]

（三）做好舆论引导

当共享经济平台出现负面舆情，危机公关虽然不能改变已经发生的事件，但可以通过积极的舆论引导，转变公众和媒体对该危机事件的态度。平台企业进行危机管理是为了消除危机对企业的负面影响，而改变公众的态度和看法正是解决这一问题的关键。在舆论引导过程中应当注意以下几个方面：

首先，要注意信息传播的首发效应。信息接收者容易相信、认同首次传播的信息。倘若信息由于种种原因被延迟发布或传播，如果是意见一致的报道，会很容易被认为是在某种预先设定的框架下运作或根据某种需要进行过加工；如果是意见不一致的报道，就更不容易被信任，甚至会被错误解读，引起更多误解。所以，危机发生后应及时发布信息，这样有利于在舆论引导中掌握主动权、增强话语权、扩大影响力。其次，要注意信息传播过程中的循环效应。借助于互联网，信息的传播者和接收者都不是绝对的、固定的，而是相对的、灵活的，二者的身份角色可以随时互换，这种新兴的交互式传播已开始成为主流。双向传播性使得平台企业应该充分关注广大受众的舆情热点，利用受众关注的热点进行良性引导。

（四）搭建沟通平台

处理危机的过程中，平台企业应当适时搭建沟通平台，与公众之间进行及时沟通，树立积极应对的形象。而充当沟通媒介的平台可以分为以下三类：其一是新闻中心，新闻中心在社会上的权威性和官方性较强，因此能够对接平台企业的管理层进行真实消息的问询；其二是员工信息中心，这主要针对平台企业的内部危机，员工从信息中心能够清楚地了解危机事件的相关信息，稳定企业人心；其三是权威人士信息中心，一般由处理危机事件的专家和消费者保护协会的人员组成，平台企业应该与该平台进行积极沟通交流，有利于危机事件发生时引导舆论向好的方面发展。[12]

（五）积极赔偿受害者

平台企业应该关注危机事件中相关受害者的需求，积极与其进行沟通。为维护受害者的权益，平台企业还应该听取多方受害者提出的意见和建议，并合理赔偿受害者的相关损失。有些受害者家属就赔偿问题可能会提出过分要求，面对这类情况，平台企业应保持冷静克制，避免与受害者家属发生不必要的冲突，在不违背原则的前提下进行必要的妥协，防止事态恶化。同时要尽量避免走法律程序解决争端，减少危机事件的负面影响。

三、危机后的形象重塑

（一）了解客户诉求，建立公众信任

发生危机后，平台企业要加强对媒介的管理，通过各种媒介对事实情况进行说明，安抚消费者的情绪，做出相应的承诺来恢复公众对企业的信任。此外，还需要认真审核与危机事件相关的报道数据，避免错误信息的传播，提高公众的信任度。

为避免危机的再次发生，从平台企业角度出发，可以通过专业机构认证来建立公众信任。专业认证机构作为不牵扯利益关系的第三方，其中的质量认证能够反映平台企业所提供产品和服务的质量，提高消费者对平台企业的信任度。[15]从行业角度出发，则应不断加强和完善共享经济领域的行业规范，为消费者提供心理上的安全感。从政府的角度出发，应该加强其监控力度，注重监控与治理整个平台，与平台企业进行合作，减少公众对危机事件的恐慌感。

（二）公益公关策略

在危机解除之后，除了高质高效地完成正常的经营业务之外，平台企业还可以开展一些公益慈善活动来提升企业形象。例如对贫困地区的捐赠、对灾害地区的救助、对环境保护的支持等，充分展现企业的社会责任感。公众在了解平台企业社会责任感的同时，也会深入接触并了解企业的品牌文化，进而提升企业品牌的影响力，达到重塑形象的目的。

2016年7月滴滴出行联合壹基金发起了"敢扶"专项公益计划，旨在号召社会共同构建美好出行生态，改善出行环境。该公益计划包含"好滴司机"和"正能量在路上"两个子项目，前者主要表彰的对象为滴滴司机，后者表彰的范围扩大至全社会整个出行环境中所发生的好人好事，让正能量的脚步走到世界每个角落。

（三）转移舆论焦点策略

平台企业发生危机对企业而言是一把双刃剑，如果处理得当，则可以帮助平台企业重塑形象，进一步提高知名度，但如果处理不当，则会影响平台企业的后续发展。在危机发生时，为了避免媒体或公众的过度关注，尽快转移舆论焦点是平台企业"转危为机"的一个常用手段。平台企业可以通过发布大量正面报道、开展公益活动等方式转移舆论焦点，拉近与公众的距离，弱化与公众的矛盾，以修复并提升自身形象。

参考文献

[1] 胡丹红. 用"顾客满意"理念构建企业新型质量文化之思考 [J]. 重型汽车, 2008
(1): 34-36.

[2] 石敏. 汉庭酒店客户关系管理策略研究 [D]. 济南: 山东大学, 2017.

[3] 许荻迪. 共享经济与泛共享经济比较: 基于双边市场视角 [J]. 改革, 2019 (8): 48-60.

[4] 刘克. 基于数据挖掘的通信行业客户保有体系研究和应用 [D]. 杭州: 浙江工商大
学, 2009.

[5] 李政. 滴滴出行安全管理问题与对策研究 [D]. 郑州: 河南财经政法大学, 2019.

[6] 解维鹏. ROCHE 维生素销售运用关键客户管理的战略 [D]. 成都: 西南交通大
学, 2003.

[7] 张亚丹. 基于共享经济的商业模式研究——以滴滴出行和途家网为例 [D]. 天津: 天
津商业大学, 2017.

[8] 戚应艳. 中国纺织行业职业安全健康监管问题研究——基于整体性治理视角 [D]. 上
海: 华东政法大学, 2018.

[9] 张新红, 于凤霞, 高太山, 等. 中国分享经济发展现状、问题及趋势 [J]. 电子政务,
2017 (3): 2-15.

[10] 高太山. 中国分享经济发展面临的挑战及解决路径辨析 [J]. 电子政务, 2017 (8):
12-17.

[11] 高天辉. 高新技术产业发展中的政府支持模式研究 [D]. 大连: 大连理工大
学, 2013.

[12] 侯姝媛. 新媒体环境下的企业危机公关策略 [D]. 重庆: 重庆工商大学, 2016.

[13] 奥美公关. 2012 微时代危机管理白皮书 [R]. 2012.

[14] 奥美公关. 2013 微时代危机管理白皮书 [R]. 2013.

[15] 冯蛟, 卢强, 张淑萍, 等. 多品牌危机对行业信任的伤害机理研究 [J]. 中央财经大
学学报, 2016 (2): 104-115.

第七章 共享经济平台组织与人力资源管理

第一节 共享经济平台人力资源的类型

共享经济属于双边市场范畴，已是学术界的广泛共识。[1]许获迪认为共享经济平台供给端提供既有闲置资源、需求端基于使用权的消费以及创造双边对等的数字化市场的共享经济平台。但当前还存在一类不属于双边市场、或属于双边市场但具体特征存在差异的业态成为泛共享经济。[2]

一、共享经济平台人力资源的类型

根据泛共享经济业态与共享经济在特征上的差异，可以将其具体分为三类（见表 7.1）。

表 7.1 泛共享经济业态类型[2]

泛共享经济业态	内涵	典型代表
在线二手交易类	以在线平台的方式实现二手物品交易，交易双方为对等的普通消费者或对等的企业，一方已购买某物品且不再需要使用，因而二次出售该物品，另一方则买断该物品接下来的所有权，使之完全为己所有、为己所用。	闲鱼、Ebay 等业态
实物广告类	1. 以企业购置的实物资源承载广告、以智能设备为媒介向用户分发广告。 2. 供给端并非提供既有闲置资源，而是专门购置资源用于承载和发放广告。需求端不一定是类租赁需求，而更可能是基于所有权的需求。属于 B2C 平台，而非 P2P 平台。主要营利方式是通过实物吸引消费者，再以消费者规模获取广告投放收入，属于广告支持型平台。	共享纸巾、共享马扎等业态

续表

泛共享经济业态	内涵	典型代表
分时租赁类	1. 由企业购置租赁资源、以手机 APP 为渠道，为消费者提供时长细分的租赁服务。 2. 供给端并非采用既有闲置资源，而是企业为了长期营利目的，专门投资购买、特地用于出租的新增资源。	共享单车、共享充电宝、共享汽车、共享篮球、共享洗衣机等业态

上述三类泛共享经济均不完全符合共享经济特征。每类泛共享经济都具有各自不同的运作原理，相比而言（见表7.2），在线二手交易类业态与共享经济最为相似，供给方提供的资源均属于既有闲置资源，共享经济平台特征完全一致。而分时租赁类和实物广告类业态，供给方提供的资源需要额外购置，共享经济平台的特征也与共享经济业态下的平台特征有着不小的出入，这类共享经济企业仅对接消费者一端，不存在共享经济平台连接的两类不同的用户，属于单边市场而非双边市场。

表7.2　共享经济与各类泛共享经济特征对比[2]

共享经济		需求者	供给方	平台
共享经济		基于使用权	既有闲置资源	P2P、市场创造型、数字化
泛共享经济	在线二手交易类	基于所有权	既有闲置资源	P2P、市场创造型、数字化
泛共享经济	实物广告类	基于所有权	额外购置资源	B2C、广告支持型、数字化
泛共享经济	分时租赁类	基于使用权	额外购置资源	非平台，采用数字化运作

基于上述研究，本章将共享经济平台人力资源分为两类，即传统人力资源和松散型人力资源。传统人力资源是指与所有传统平台、企业一样的，负责平台企业运营和整体模式把握的核心职能团队以及为平台用户提供产品或服务的专职平台企业职工；另一类则是纳入共享经济平台的闲置资源提供者，称之为松散型人力资源。[3]共享经济业态下，共享经济平台需要连接供需两端，其人力资源除了维持平台企业正常运营的核心职能团队之外，还包括既有闲置资源的提供者，故这类共享经济平台人力资源包括了传统人力资源和松散型人力资源。泛共享经济业态中，由于在线二手交易类业态与共享经济最为相似，因而，该业态的人力资源也由传统人力资源和松散型人力资源构成。最后，实物广告类和分时租赁类业态与传统经济业态比较接近，主要由传统人力资源构成（详见表7.3）。

表7.3　各类共享经济平台人力资源类型

共享经济		人力资源类型
		传统人力资源
		松散型人力资源
泛共享经济	在线二手交易类	传统人力资源
		松散型人力资源
	实物广告类	传统人力资源
	分时租赁类	传统人力资源

第二节　共享经济平台人力资源管理的特点

一、人力资源管理对象的无限化

人力资源管理的对象是公司为达到生产经营目的而使用的人力资源。传统的人力资源管理强调组织忠诚，而在互联网时代却更加强调职业忠诚和专业忠诚，人才也由传统的企业所有制转变为价值创造圈归属制。共享经济模式下，经济的三个主体，即生产者、经营者和消费者之间的关系与之前的生产企业、经销商和消费者之间的关系发生了巨大的变化，这种变化也导致了人力资源部门所管理的对象发生了变化。[4]

在共享经济下，生产者和消费者的角色是可以相互转化的，甚至可以兼而有之，这一时刻是消费（生产）者，下一时刻就可能是生产（消费）者。因此，可以认为共享经济平台上的所有人，包括生产者和消费者都是该平台的人力资源。

共享经济平台的人力资源分为两种，即运营管理核心团队和闲置资源的供给方，其中运营管理核心团队的人员是相对固定的，而闲置资源的供给方则会不断地增加。以"滴滴出行"为例，由于注册该平台的闲置车辆分布于全国各地且数量庞大，因此"滴滴出行"需要管理的人力资源不仅包括运营团队和技术团队，还包括了平台下网约车服务的提供者。

互联网有效地打破了时间和空间的限制，所以，从理论上来说所有条件符合的闲置资源拥有者都能够进入共享经济平台，成为生产者（消费者）。共享经济平台借助互联网合理规划各经济主体，并在此基础上增加闲置资源供给方的数量，随着平台规模的扩大，生产者与消费者的数量也越多。因而，只要平台吸引力够大，人力资源的数量是无限的。

二、人力资源管理关系的复杂化

人力资源在"互联网＋"时代和共享经济双重发展的推动下，已经进入以双向面试为中心的新时代。借助于互联网的共享经济平台组织结构相对松散，人力资源管理模式得到了极大地简化，企业和雇员无须面对面，通过共享经济平台就可以完成沟通和交流。一般来说，闲置的人力资源的供给数量其实是由市场的需求决定的，并不存在固定的职位。总之，共享经济平台中企业与雇员之间的关系打破了传统雇佣关系，不再是单纯的管理与被管理关系，更多的表现为一种合作关系。

共享经济企业通过共享经济平台匹配闲置资源供给方和需求者，企业自身并不拥有资源，而是通过与闲置资源所有者进行合作来满足消费者需求。这也使得共享经济平台中人力资源的身份具有双重性。以滴滴出行为例，一方面，滴滴出行司机是自己时间的管理者，拥有软件使用权，通过滴滴出行平台不断扩大业务。从这个角度看，滴滴出行司机的身份是老板。另一方面，滴滴出行司机要按照平台的规定进行接单并提供服务，要接受来自平台和乘客的双重评价。从这一角度来看，他们的身份又变成了普通员工。

共享经济平台中，企业与闲置资源供给方虽然没有签订正式的书面劳动合同，但闲置资源供给方与共享经济平台之间存在着实际上的劳动关系。因为资源供给方在加入平台前需要得到平台认证，加入平台后通过平台接受订单获取报酬，同时还要在流程、奖惩、质量等方面受到平台的监督。而关于共享经济平台中雇佣关系的管理，目前国内尚未制定和发布完善的法律法规及相关政策。因此，共享经济平台在进行人力资源管理的过程中缺乏必要的制度性的依据，导致了人力资源管理工作在共享经济平台行业的复杂程度逐渐扩大，对于平台中的劳动关系和劳动纠纷的处理和判定难以统一。[4]

三、人力资源管理职能的弱化

传统人力资源管理的职能包括人员的招聘、培训、绩效考核、薪酬福利、劳资关系和人力资源规划六个方面，目的是人事匹配。共享经济平台上闲置资源供给方的数量众多，具有无限化的特点，但运营管理核心团队的数量相对较少，共享经济平台一般没有承担传统人力资源管理职能的部门和人员，传统人力资源管理职能范围逐渐缩小。共享经济平台在除了人力资源规划之外的招聘、人员素质审核、培训和员工激励等职能上的限制和责任都在被逐渐淡化。

共享经济模式下，在人员招聘方面，企业对人员素质没有过多要求和限制，更多的是对闲置资源供给方的身份和资质进行认证，不需要通过笔试、面试等常规的招聘测评对其能力和素质进行考察，闲置资源供给方具有较大的主动性，只需在共享经济平台上注册或登记即可开始正式工作；[5]在培训方面，由于供给方是利用自己的闲置资源（包括物力资源、人力资源等），所以，对资源的使用比较熟悉，能够自主根据资源能力为消费者提供服务，因此无须共享经济平台提供更多的培训，共享经济平台只需就运营规则、订单操作、服务要求等方面进行简单培训即可；在人事匹配方面，闲置资源供给方通过智能化的平台可以自主接单、自主与消费者联系完成订单，无须平台公司过多管理和控制；在劳资关系方面，闲置资源供给方只要能从平台上持续得到物质和精神上的满足，就会长久留在平台上，否则可能随时离开平台，平台公司能够进行干预的地方十分有限。总之，传统人力资源管理的"选用育留"在共享经济模式下都由共享经济平台自动完成，无须企业人力资源管理部门管控。

四、人力资源管理基础的空心化

现代人力资源管理有三大基石和两种技术。其中，三大基石分别为定编定岗定员定额、员工绩效管理和员工技能开发；两种技术分别为工作岗位研究和人员素质测评。共享经济时代下，人力资源管理的对象无限化、关系复杂化以及职能弱化的新特点，对于这三大基石和两种技术产生了巨大的冲击，详见表7.4中二者特点的对比。

共享经济模式下，闲置资源供给方参与平台运营，自主接单并完成订单，无须编入特定的组织结构，也没有明确的岗位职责和界定，更没有定员和定额的概念；是否工作（接单）、何时工作（接单）、完成多少订单、何时接单，全由闲置资源供给方自主决定，无须绩效管理和考核等手段，只是共享经济平台为保证信誉和品牌，必要时会对其服务质量进行一定考核；员工技能开发的必要性和可行性不大。由于岗位的职责和界定模糊，因此工作岗位研究就没有多大的意义；人力资源在进出上较为自由且数量庞大，不存在能力与岗位相匹配的强制要求，因此人员素质测评也缺少了实际意义。由此可见，传统经济模式下人力资源管理的基础出现松动。[6]

表 7.4　传统经济模式与共享经济模式下人力资源管理特点对比[7]

	传统经济模式	共享经济模式
人力资源管理对象	组织员工	闲置资源的供给方
人力资源管理关系	基于《劳动法》建立的雇佣关系	"半契约"关系
人力资源管理职能	获取、整合、保持和激励、调控、开发	管理职能弱化
人力资源管理基础	工作岗位分析	管理基础空心化

第三节　共享经济平台的人力资源获取

共享经济平台目前所管理的人力资源队伍可以分为两大类，一类是与所有传统平台、企业一样的负责平台运营和决策的核心职能团队，也就是传统的人力资源；另一类则是纳入共享经济平台的闲置资源提供者，称之为松散型人力资源。[3]由于这两类人力资源自身的性质、特点各不相同，因而共享经济平台在获取这两类资源时，所采用的手段和方法是有差异的。

一、传统人力资源的获取

（一）传统人力资源的获取目标

1. 实现人事匹配

人力资源管理的宗旨是实现人与事的匹配，表现在两个方面：第一，岗位要求与员工素质相匹配；第二，工作报酬与员工需求、动机相匹配。在招募共享经济平台运营管理核心团队需要的人员时，应做到人与事相匹配。

2. 减少不必要的人员流失

传统人力资源的数量在共享经济平台中所占的比重相对较少，但却是维持平台正常运转不可或缺的重要力量，因而，保持这一部分人力资源的稳定，降低他们的流失率，将是整个共享经济平台长期可持续运行的重要保障。所以，共享经济平台企业在招募这一类人才时，还要考虑到稳定性的因素。对于在企业中能够发挥自己能力、找到感兴趣岗位以及认可企业价值观的人，通常在短期内离职的可能性较低。从这方面来说，共享经济平台在进行传统人力资源招募时，应开展招聘双方的有效沟通和交流，准确传递企业文化、用人价值观，并能够做到对于应聘者的准确评价。

3. 树立共享经济平台形象

未来，共享经济将重塑社会组织，"公司＋员工"将在越来越多的领域被"平台＋个人"所替代，越来越多的个人将不再依附于某个特定的企业或机构，共享经济平台将成为灵活就业、个人创业、社会交往的空间。[8]作为未来发展的大趋势，共享经济平台势必会面临竞争对手的挑战，而良好的平台形象往往是其出奇制胜的法宝。因而，共享经济平台在招募人才的过程中，应时刻注意保持、维护并宣传自身的良好形象。招聘过程是企业代表与应聘者直接接触的过程，负责招聘的人员的工作能力、招聘过程中对共享经济平台的介绍、面试的程序及招聘或拒绝哪种类型的人等都会成为应聘者评价企业的依据。[9]招聘过程也可以作为共享经济平台企业树立形象的一种渠道，良好的形象也有利于吸引更多优秀的人才加入到组织当中。

（二）传统人力资源的招聘原则

1. 因事择人原则

共享经济平台在充分进行工作分析和人力资源规划的基础上，应依据知识、技能、能力等方面的职位胜任素质为工作岗位选择合适的人。

2. 效率优先原则

效率优先原则即以尽可能低的招聘成本录用到最合适的人员。选择最合适的招聘渠道、考核手段，在保证任职人员质量的基础上，节约招聘费用，避免职位长期空缺造成损失。

3. 能级对应原则

人的能力有大小、本领有高低、工作有难易、要求有区别，招聘时不一定要招聘能力最强的人，为了有效发挥人力资源的作用，应该量才录用、人尽其才、用其所长。

4. 全面考察原则

招聘人员需要对应聘者的品德、知识、能力、智力、心理、过去工作的经验和业绩进行全面考核和考察，既要关注应聘者的能力，也要注重其相应的品德。

5. 合法性原则

人员招募必须遵守国家法令、法规、政策。在招聘过程中不能有歧视行为，应避免户籍歧视、地域与方言歧视、性别和年龄歧视、学历和经验歧视、身体状况歧视、婚育状况歧视、特殊经历歧视等就业歧视。

（三）传统人力资源的招聘方式

共享经济平台在招募传统人力资源时，既可以从核心职能团队内部挑选合适的员工来填补空缺，也可以从共享经济平台外部招聘新员工。

1. 外部招聘

一般在通过内部招聘不能满足企业对人力资源的需求时，就需要考虑从企业外部挑选合适的员工，共享经济平台可以依照一定的标准和程序，从社会上选取符合职位条件的人员。

（1）网络招聘

对于借助互联网兴起的共享经济平台，通过网络招聘员工是较为常见的招聘手段。共享经济平台企业的人力资源部门借助互联网发布招聘信息，并收集和处理电子邮件及简历库中的应聘信息，选择合适的人员进行面试。共享经济平台进行网络招聘时，可以在自己共享经济平台的主页发布招聘信息，也可以通过商业性的职业招聘网站发布招聘信息，具体选择视实际情况而定。

（2）校园招聘

对于共享经济平台而言，网站页面设计、日常维护等都需要专业的技术人员。校园招聘往往是专业人员与技术人员的重要来源。共享经济平台应该根据所需职位或者员工的类型进行学校的选择，且在财务具有限制的情况下可以选择当地或者附近城市的学校进行招聘，而实力较为雄厚的企业可在全国乃至全球范围内进行学校的选择。

一般来说，企业总是希望招收最好的工作申请者进入自己的公司。为了吸引人才的应聘，共享经济平台可以从以下三个方面入手：第一，选派工作能力较强的人员进行招聘工作；第二，及时答复应聘者，给工作申请者良好的企业印象；第三，制定各项与招聘过程有关的规定、政策，体现招聘工作的公平性。

（3）广告招聘

广告招聘能够扩大招聘工作的影响范围，这也是相对普遍的一种招聘手段。由于广告的传播范围不仅包括潜在的工作申请者，还包括社会公众，通过口口相传的效应也可以达到良好的招聘效果。但是招聘广告也从侧面反映出一个公司的形象如何，因此需要认真策划。

共享经济平台使用广告作为广揽人才的手段，再依托互联网的快速传播，具备多种优势：招聘信息的发布迅速；宣传效果更为广泛；可同时发布多种类别的工作岗位需求；广告发布方式可以使企业保留操作上的优势，这体现在企业可以要求申请人在特定的时间内亲自来企业、打电话或者向企业人力资源部门邮寄自己的简历和工作要求等方面的内容。[10]通过广告进行员工招聘时，需要考虑选择哪一种广告媒体以及如何构思招聘广告的内容。选择哪一种广告媒体多取决于共享经济平台自身经济上的考虑，而对于如何构思广告内容，应结合共享经济平台的运营内容、特质进行，根据具体的情况进行选择和设计。

（4）职业介绍机构

随着自身业务规模的扩大，共享经济平台的业务范围可能会扩展到海外市场，这时就需要招募海外人才。由于国情、文化、风俗等方面的差异，使得共享经济平台企业在海外招募时遇到种种水土不服，为保证海外人才招募的顺利成功，借助职业介绍机构是一个不错的选择。

国外的职业介绍机构有公立、私立两种类型。公立职业介绍机构通常为蓝领员工提供服务，而私立职业介绍机构更多地针对高端人才，需要求取职位或人才的一方支付相应的服务费，现实生活中企业支付费用的情况较多。

职业介绍机构作为一种专业的就业机构，掌握比单个企业更多的人力资源资料，而且其筛选人才的方法效率较高也较为科学，此外，作为第三方机构，能够更加公平公正地对应聘人员进行考核筛选，更好地为企业输送所需的人才。但同时也要注意到，职业介绍机构并不是企业本身，因而不可能完全了解企业对人才的要求，因此，在进行筛选时，可能会使素质较低的求职者通过初选阶段，直接送到需要聘用他们的企业那里，若监督人员不做过多的审查就选择职业介绍机构提供的人员，不仅会招聘到不合适的员工而且还增加了招聘成本。因此，在招聘普通员工时利用这些就业服务机构效果会比较好，而招聘高级或专门技术人员则效果不佳。

（5）猎头公司

对于高层次人才的招募，借助猎头公司相对于共享经济平台的自身引进要高效得多。猎头公司跟职业介绍机构类似，但是由于它特殊的运作方式和服务对象，经常被看作一种独立的招聘渠道。

猎头服务的一大特点是推荐的人才素质较高，猎头服务内容主要是为企业搜寻特定的高级人才以及为各类高级人才寻找合适的工作岗位。猎头公司作为组织和人才的中间桥梁，掌握着大量的人才供求信息，他们对各类组织以及组织对所需人才的需求信息了如指掌，能够根据市场的变动建立自用的人才数据库，因此企业通过猎头公司招聘特殊人才是一种高效的方法。

猎头公司招募人才费用相对较高，一般为所推荐的人才年薪的 1/4 到 1/3。但由于核心人才对于共享经济平台具有较重要的战略意义，尤其是高级管理人员和技术人员，而这类人员通常很难从公开市场上招募获得，因此从共享经济平台获得的收益来看，招聘的性价比是非常高的。

（6）员工推荐

当共享经济平台企业出现职位空缺时，也可以采用内部员工推荐的方法来填补。员工推荐具有招聘成本低、应聘人员素质高、可靠性强的优点，但同时也存在缺点，一旦员工所推荐的人被拒绝，可能引起该员工的不满，而且如果引荐的人数过多，容易形成小团体和非正式组织，给共享经济平台可能带来极大的危害。

2. 内部招聘

传统企业中绝大多数工作岗位的空缺是由公司的现有员工填充的。作为新兴的经济组织，共享经济平台在招募传统人力资源时，也可以借鉴这种方式，达到节约成本、提升员工工作积极性和工作忠诚度的目的。

内部招聘主要分为下级职员晋升和同级职员的工作调换。内部招聘的方法主要有工作公告法和档案记录法两种。工作公告法就是通过向员工通报现有工作空缺，从而吸引相关人员来申请这些空缺职位。档案记录法则是通过查阅人力资源部门保存的员工个人档案，相关人员通过对员工的教育信息、工作经历及绩效等进行收集，再呈交给企业人力资源部门和高层管理部门进行选择。

内部招聘虽然有诸多优点，但是由于其选拔范围有限，企业的选择空间不大，往往不能满足招聘需要。共享经济平台企业通过内部选拔方式，挑选较高层次的管理人员后，基层岗位的空缺自然要从外部补充；在急需专业化的高级职位时，共享经济平台企业应考虑外部招聘。

（四）传统人力资源的招聘程序

共享经济平台企业的招聘程序与传统企业的招聘程序相同，通常分为招募、选拔、录用和评估四个阶段。因此共享经济平台的基本招聘工作流程有以下几个步骤。

用人部门提出申请，部门经理向人事部门提交招聘原因，并提交所需人数、岗位及要求；人力资源部门复核，最高管理层进行招聘计划的审核；人事部门根据用人部门提交的申请单对职位名称、人数进行确定；设置应聘人员的资格和条件，如职位所需达到的学历、年龄、能力和经验等要求；核定招聘职位的基本工资和预算工资；准备通知单或公司宣传资料，申请办理日期；通过人才市场或网络发布招聘信息，确定面试的时间、场地和方式；确定最终招聘人员，办理试用期入职手续、合格录用转正及手续；签订合同并存档。[11]

滴滴出行是中国具有代表性的共享经济平台，它对于传统人力资源的招聘主要采用网络招聘的方式，招聘对象分为国内外校园招聘、社会招聘和实习生招聘。整体招聘流程基本按照传统招聘流程进行。以滴滴出行国内校园招聘为例，滴滴出行首先根据人力资源战略规划，结合各部门提供的岗位需求，向最高管理层提交招聘计划；其次，根据各部门需求，制定招聘岗位、任职需求。再次，制定国内校园招聘的范围，确定具体的进驻高校，制定宣讲行程。最后，根据校园宣讲的行程，制定符合实际的招聘流程。

二、松散型人力资源的获取

共享经济平台中，除了维护平台正常运行的员工外，更多的是以兼职形式参与到平台的闲置资源供给方，这些以任务为目标、无书面雇佣协议的临时性劳动群体总和被称为松散型人力资源。[12]松散型劳动群体追求工作时间、环境、安排上的自主性，更注重工作中自己的感受和体验。"松散型"的特点，导致这一类人力资源与共享经济平台之间仅存在半契约关系，[13]员工不完全受聘于平台，具有兼职的特点。共享经济平台不能采用招聘传统人力资源的方式方法去招聘他们。在松散型人力资源的招聘中，求职者占据了较为主动的地位，具有更多的选择性，共享经济平台则相对处于被动地位。

相对于传统人力资源的招募，松散型人力资源的招聘流程就简单很多。闲置资源的提供者只需要在共享经济平台上根据相关的程序注册登记，并上传平台要求的能够证明自己身份和能力的证件、证书即可。例如成为"滴滴出行"平台下的司机并不需要很高门槛，只需符合以下条件即可：第一，年龄范围为22—55周岁之间，不限性别，有驾驶证，身体条件必须符合交通安全规定；第二，拥有本地牌照，以及一台裸车价格超过10万元、车龄低于6年的车辆；第三，拥有一部智能手机，最好支持3G或4G网络功能；第四，司机所处城市必须是目前开通滴滴的城市。刚加入滴滴的车主必须从快车业务开始做起，在满足规定的订单量以及车辆满足专车条件后，才能进入专车司机的行列。[14]

　　松散型人力资源一般采用佣金制（提成制），共享经济平台不会产生很多的固定成本，同时出于扩大平台影响力、平台长期发展的考虑，共享经济平台会倾向于招募更多的资源提供者。这种迫切需求使得共享经济平台忽略了对于闲置资源提供者胜任力、道德水平的全面考查。仅就资源提供者上传的相关资料进行简单的核查，并不足以衡量资源提供者的真实能力和道德品质。共享经济平台中，闲置资源提供者的道德水平对该平台的未来发展有着重大影响力。因此，共享经济平台应将对闲置资源提供者的胜任力和道德水平考核，作为发展基础看待，加强对松散型人力资源的审查，稳步推进并加强和地方公安部门的合作，以确保招募到更多合格的闲置资源提供者。

第四节　共享经济平台的人力资源培训

一、传统人力资源的培训

　　共享经济平台企业对传统人力资源进行的培训，关系到人事、经费、工资福利、工作安排等一系列的问题，不是平台企业内部任何一个部门可以单独进行和处理的。若想使培训工作富有成效，客观上必须进行集中统一管理。平台企业中各类员工在层次、职责上存在差异，因而，应对其进行有针对性的培训，按照员工在职情况、员工层次等标准，可以将共享经济平台企业传统人力资源的培训划分为不同的类型（见表7.5）。

表 7.5　共享经济平台传统人力资源的培训类型

划分标准	培训类型
按培训对象在职与否	新员工培训、在职员工培训
按员工在企业所处层次	高层员工培训、中层员工培训、基层员工培训
按培训形式	在职培训、脱产培训

续表

划分标准	培训类型
按培训性质	传授性培训、改变性培训
按培训内容	知识性培训、技能型培训、态度性培训

为了有效地开展培训工作，平台企业的培训管理应具有科学性，应有计划、有步骤、系统地开展培训工作，既要有近期目标，又要有长期战略，应制定切实可行的方针和政策。对于平台企业而言，在进行传统人力资源培训时，应遵循以下培训流程。

（一）培训需求评估

培训开始之前，培训者要有意识地收集有关员工的各种资料，以便能在培训需求调查时方便调用，而且能够随时监控企业员工培训需求的变动情况，可以在恰当的时候提请开展培训。培训者一般通过问卷发放、个人或群体面谈、工作任务调查等方法收集培训需求的相关信息，通过分析企业组织、人员、任务，可以确定潜在被培训者是否需要培训，以及培训的内容、方式、时间等基本信息，为进行培训的有效性奠定基础。

（二）培训规划制定

培训规划是指平台企业培训工作做出的战略规划，培训规划的制定必须与企业的经营战略、人力资源规划紧密结合，充分考虑员工培训的需求和效果，再确定培训要达到的目标，进行相应的培训内容与方式选择。其中，培训方式可以采取课堂教学、案例讨论、现场观摩、情景模拟、角色扮演等方法进行。

（三）培训实施

培训实施指在预定的时间和地点，以预定的方式对目标员工进行培训。做好这项工作，需注意以下几点：① 领导重视；② 要让员工认同培训；③ 做好外送培训的组织工作；④ 培训经费上的大力支持；⑤制定奖惩措施。

（四）培训效果评估

培训结束后，平台企业应及时对培训的效果和设计方案进行评估，培训方案的价值要根据培训工作为平台企业带来的经济效益、社会效益得出，确保培训内容的重点与需求一致，总结培训工作从设计到实施的经验与教训，为不断提高培训的组织水平奠定基础。

二、松散型人力资源的培训

从理论上来看，共享经济下松散型人力资源似乎不存在服务水平与质量的培训需求，但从实际上看，这种观点有些过于片面。比如普通司机面对紧急情况如何处理、房东如何识别房屋潜在风险，都需要进行一定的培训。因此，在客观条件允许之下，应对松散型人力资源进行适当的培训，只有完成培训并且考核合格，才能开展各项业务。

相较于传统人力资源，松散型人力资源具有监督困难、进出成本低、数量众多、对于分散等特点。因此，在对这类人力资源进行培训时，除了传统课堂讲授方式之外，还应借助互联网、智能手机等平台或智能工具进行培训和考核。下面以滴滴出行为例，介绍该平台的培训体系。[14]

"滴滴出行"旗下滴滴专车的培训内容主要包括：第一，强调滴滴与司机之间的"商务租车平台—汽车租赁公司—劳务中介公司—司机"四方协议关系，有效解决司机的后顾之忧；第二，讲师和考官会详细地为司机讲解和示范滴滴软件的操作流程，内容包括打开软件、出车接单、收车不接单、实时或预约订单抢单、查看上车和到达地点；第三，滴滴司机为乘客服务的流程，包括司机抢单成功后与乘客联系确认，乘客上车后免费为乘客提供矿泉水、雨伞、纸巾和充电器，车辆到达后确认服务费用，为乘客提取行李箱等其他物品；第四，收入介绍，包括专车各个时段、路段、速度如何计费，收入预计、收入分配和收入结算如何实施，汽车保险、服务奖励和星级奖励如何进行等。培训成绩不符合要求的司机将不能加入滴滴出行。这些培训使得滴滴司机能够具备提供服务的知识与能力。

除此之外，滴滴还通过设置司机管理员对司机的服务行为进行管理，司机管理员能够传达平台的相关要求，维护司机利益以及对司机遇到的一些问题进行处理，例如车辆的违章罚款、事故责任、分账纠纷、平台会议通知，以及司机离职、退车、赔偿等手续的办理。

第五节　共享经济平台的人力资源薪酬管理

一、传统人力资源的薪酬管理

薪酬既是共享经济平台对员工贡献的回报，同时也是平台企业的费用支出，它代表了平台企业和员工的一种利益交换关系。作为吸引、保留、激励、开发员工的手段，员工对工作和组织的满意度极大地受到薪酬的高低和支付方式的影响。建立完善合理的薪酬制度能够修正员工的工作行为，端正他们的工作态度，进而促进平台企业形成良好的工作文化氛围，从这方面来看，薪酬对平台企业文化的形成也具有强大的导向作用。因而，平台企业应建立科学合理并具有激励性的薪酬制度，在提高员工工作积极性的同时，达到塑造企业文化的目的。

一般而言，共享经济平台企业传统人力资源的薪酬可以按照两种标准划分。首先，依据员工获得的回报是不是货币形式或能否以货币衡量，可以将薪酬划分为经济性薪酬和非经济性薪酬，其中经济性薪酬又包括直接薪酬和间接薪酬。其次，依据薪酬对员工的激励是属于精神性的还是物质性的，可以划分为内在薪酬和外在薪酬（见表 7.6）。

表 7.6　共享经济平台传统人力资源的薪酬类型

	外在薪酬	内在薪酬
经济性薪酬	直接报酬：基本薪酬、绩效/加班工资、津贴、补贴、奖金、利润分享、股票认购 间接报酬：保险/保健计划、住房资助、员工服务及特权、带薪休假、免费午餐及其他福利	无
非经济性薪酬	私人秘书、舒适的工作条件、动听的头衔、精致的名片、特定的停车位	参与决策、认可与赞赏、感兴趣的工作或工作任务、上级、同事的认可与内部地位、学习与进步的机会、多元化活动、稳定的就业、灵活的工作时间

建立完善的、高效的、合理的薪酬体系是共享经济平台企业在人力资源管理工作上的重要一环。平台企业人力资源部门进行薪酬设计时应建立稳定的员工队伍，吸引高素质的人才；激发员工的工作热情，创造高绩效；实现企业目标和员工个人发展目标的协调一致为最终目的，薪酬方案的设计可以遵循以下流程进行。

（一）制定薪酬战略

共享经济平台传统人力资源薪酬战略的制定，是以平台企业总体战略为指导思想的。薪酬战略是设计薪酬方案的前提，平台企业制定了一系列的战略性薪酬决策，具体包括：薪酬管理的目标是什么，如何支持共享经济平台战略的实施，如何调整薪酬战略以适应平台企业经营的需要；如何达成平台企业薪酬的内部协调一致性；如何适应外部市场的竞争性（即平台企业如何根据劳动力市场的薪酬水平定位本企业的薪酬水平）；如何通过薪酬水平客观地反映员工的劳动绩效；如何设计与管理薪酬体系，以及如何提高薪酬成本有效性等。

（二）工作分析和岗位评价

平台企业通过工作分析，可以得到本企业的组织机构系统图，以及其中所有的工作说明与规格等文件。岗位评价则是对平台各个岗位进行相对价值评估，以确定岗位序列，并以此作为确定企业基本薪酬设计的依据。岗位评价的方法有简单排序法、职级分类法、元素比较法、要素计点法等。工作分析与岗位评价能够为平台企业记录工作和岗位的相关信息，例如工作性质、工作职责、工作环境，以及员工具备的工作经验、专业技能、学识、身体条件等。

（三）薪酬调查

薪酬调查分为企业外部竞争性薪酬调查和企业内部公平性薪酬调查。共享经济平台企业进行外部调查时，主要是调查同行业其他平台企业尤其是主要竞争对手的薪酬状况，与同行业内其他平台企业的薪酬现状进行参考和对比，进行自身企业薪酬的调整，有利于提高企业薪酬方案的竞争性。内部调查则要收集员工对薪酬水平、薪酬结构、激励重点等方面的看法，实现薪酬方案对内的公平性。薪酬外部调查可以通过参考政府公布的信息、企业自己进行抽查或问卷调查等方式进行，也可以通过猎头公司购买数据。

（四）设计薪酬结构

薪酬结构是指共享经济平台企业的组织结构中各职位的相对价值及其对应的实付薪酬间保持的一种关系。这种关系并非是随意性的，而是具有一定的规律性，以"薪酬结构曲线"表示。通过岗位评价，企业可以得到表明每一个岗位对本企业相对价值的顺序、等级、分数或者象征性的岗位价值金额。工作难度大、对企业贡献度高、岗位重要，就意味着这个岗位的相对价值较大。平台企业据此绘制出的本企业薪酬结构曲线，为分析和控制企业的薪酬结构提供了非常清晰、直观的工具。

（五）薪酬分级和定薪

绘制好企业薪酬结构曲线以后，还需要在薪酬的每一个标准内增设薪酬等级，即在众多类型工作职位的薪酬标准内再组合成若干等级，形成一个薪酬等级标准系列。通过岗位评价的得分高低与薪资分级标准对应，以确定每一个职位工作的具体薪酬范围或标准，确保职位薪酬水平的相对公平性。

（六）薪酬的控制与管理

薪酬方案设计完成后，平台企业相关负责人员应认真统计、记录各种相关的数据资料，提出薪酬预算方案。平台企业还要定期对薪酬体系的运行情况进行复核检查，并采用必要措施对人工成本进行控制，以提高薪资效率。共享经济平台企业薪酬体系持续正常运作，离不开平台企业适当的控制和管理，这是一项长期的、复杂的工作。

二、松散型人力资源的薪酬管理

相对于传统岗位，同等的劳动松散型人力资源的回报低一些，究其原因有三个方面：① 从资源提供者角度来看，其是通过分享闲置资源取得收入，类似于兼职，因此有胜于无，他们对于收入的期望值并不与对传统岗位收入的期望值一样高；② 从市场角度来看，由于共享经济平台在服务的质量提供和安全保障等方面均比不过专业的传统企业，因此其服务价格水平应该设置得比传统企业低；③ 从共享经济平台管理者角度来看，管理者只是为工作者们提供了一个信息平台进行人力物力资源的互换，因此管理者并不是从单笔交易中获取与传统企业一样的收益，而是需要更多的工作者以及更多完成的任务来获取自身的收益。[12]

　　共享经济的核心思想是个人之间进行闲置资源使用权的交易，松散型人力资源虽然具有兼职的特点，但依然可以根据相应的绩效支付薪酬，即实行绩效工资制，同时，为了进一步激励这类人力资源提高自身的业务能力和服务质量，共享经济平台还会根据其绩效设立相应的激励工资。下面就以滴滴出行这个具有代表性的共享经济平台为例，介绍该平台的薪酬设计理念。

　　滴滴出行将之前的抢单模式改成派单、抢单相结合的模式。在派单模式中，如果想要拿到补贴，司机必须在一天内完成15单并且达到90%的订单指派率。对于租用滴滴车辆的司机，滴滴将车辆租金定为210元/天（每周按六天计算，不包括国家法定节假日），对于司机则发放日薪95元（每月按25天计算，只要完成1单/天即可获得）。两者相抵扣之后的差价为115元/天，司机必须跑满一定的行程，才能抵消差价获得收入。换言之，每天115元的收入就成了滴滴给司机设置的基本工作量考核标准。[14]

　　为了激励司机在高峰期出车，滴滴出行推出了"阶梯价格"制度，即在高峰期给予司机更为丰厚的劳动报酬，鼓励司机出车满足客户的打车需求。滴滴这种定向补贴的方式，有利于实现市场的供需平衡，具体来说，对于特殊时段、地段、订单进行补贴即定向补贴。此外滴滴还推出了动态调价政策，根据不同城市和不同时段，结合天气、行车需求以及交通情况计算出加价数字和接单的可能性。

　　滴滴出行设置了基于服务数量的奖励，具体来说，如果司机每天完成1至2单，将奖励20元，3至4单则奖励50元，5单及以上则奖励80元；同时也设置了基于服务质量的奖励，4.1星至4.7星可奖励100元，4.8星至5星将奖励1000元。滴滴出行对不同的城市、不同情况也设置了相应的奖励政策，同时为进一步激励司机，上线了"小费"功能，在上下班高峰期、夜晚行车以及其他恶劣天气等会造成车辆紧张的情况下，乘客可以通过给予小费来招揽司机。

　　共享经济平台的资源提供者，一般都有自己的专职工作，分享而获得的收益往往作为一种补充。目前来说，还没有资源提供者主动要求共享经济平台为自己购买"五险一金"及其他商业保险。但是，不排除有人打算或者已经将这份工作当成自己的专职工作来做，因此，关于松散型人力资源的各项福利待遇，应是共享经济平台企业未来需要慎重考虑的问题。

第六节　共享经济平台人力资源的保留与退出

一、传统人力资源的保留与退出

共享经济平台中的传统人力资源是维持平台高效运转不可或缺的力量，因此，为保持并提高平台的整体运行效率，平台企业应对内部的传统人力资源进行积极地绩效管理。通过对内部员工的绩效管理，平台企业可以获得他们的绩效考核结果，这一结果是平台企业进行薪酬决策、晋升决策、奖惩决策、录用决策以及保留或解雇决策等人力资源决策的重要依据。当然，以人为本的管理理念之下，平台企业不可能仅仅因为一次的绩效考核结果，就将员工解雇，当一位员工的工作完成情况没有达到基本水平时，平台企业应积极通过绩效管理，寻求改善其绩效的方法，促进其个人发展，实现持续改进员工工作绩效的最终目的。平台企业对于传统人力资源进行绩效考核时，一般遵循以下程序。

（一）绩效计划

绩效计划指由平台企业的上级领导和员工共同就员工在绩效考核期内的绩效目标、绩效过程和手段等进行讨论并达成一致意见的过程。绩效计划是绩效管理的起点，也是绩效管理的关键。制订绩效计划的主要依据是共享经济平台企业的战略和工作的岗位职责。在绩效计划阶段，平台企业的管理者和被管理者之间需要在被管理者绩效期望问题上达成共识，在达成共识的基础上确保平台企业各层次人员都明白自己努力的目标并对目标做出承诺。

（二）绩效实施

在绩效实施阶段，共享经济平台企业主要有绩效沟通和信息收集两项工作。绩效沟通是各类绩效相关信息的分享过程。通过绩效沟通，有助于平台企业的相关管理者全面了解掌握员工的工作情况、工作进度；有利于及时发现、处理影响绩效目标实现的阻碍因素，消除潜在的隐患。另外，绩效沟通使得上级领导掌握了员工绩效方面的信息，从而为绩效考核提供了客观依据。对于员工来说，沟通有助于得到关于自身绩效的反馈信息，比如服务质量或客户投诉，从而促使自己不断改进绩效水平。同时，绩效沟通有助于员工向管理者反馈工作过程中存在的困难，及时得到上级的帮助和辅导。通过绩效沟通，平台企业还可以及时调整绩效目标和计划，以适应环境的要求。绩效实施阶段的信息收集，一方面可以保证绩效考核时有明确的依据，减少考核人员的主观臆断和偏见；另一方面有助于诊断员工的绩效，发现问题、找出偏差，进而改进员工的绩效。具体的信息收集方法包括直接观察法、工作记录法、抽查法、他人反馈法和特别事例法等。

（三）绩效考核

绩效计划实施期间，共享经济平台企业应及时对内部员工进行绩效考核，即依据预先制订的计划，利用科学的考核方式定期或不定期地对考核对象工作上的能力、成绩、态度等进行考评。绩效考核的结果影响了平台企业人力资源政策的制定；是平台企业对员工进行岗位调配、升迁和淘汰的重要依据；也是平台企业建立合理薪酬制度的依据；能够有效培育平台企业内部竞争机制，强化激励机制；帮助平台企业发现优秀人才，促进人才的合理开发，为员工培训工作提供依据；更有助于员工更好地进行自我管理；同时也促进了平台企业内部上下级之间的沟通与交流。平台企业对内部员工的绩效考核主要包括业绩考核、能力考核、态度考核和潜力考核等方面的内容，考核主体包括员工、上级、同事、下级和客户五类人员，常见的绩效考核方法则包括相对评价法、绝对评价法、描述法、目标绩效考核法、写实考评法等。

（四）绩效反馈

平台企业内部进行绩效评定的部门领导需要在绩效考核结束后与员工进行面对面的交流，通过面谈来收集或是传递绩效反馈信息，使员工了解其自身绩效以及需要改进的地方，并表达上级领导对员工的期望。此外，通过面谈员工也可以请求上级对自己在工作上遇到的困难进行指导和帮助。在员工和上级领导对绩效考核结果和改进点达成一致后，双方需要确定下一个绩效管理周期的绩效目标和改进点，从而开始新一轮的绩效管理周期。[15]

需要注意的是，共享经济平台企业的绩效反馈应当及时，反馈过程中要指出具体问题及其可能原因，要做到对事不对人，同时注意说话的技巧，对员工的个人习惯与性格不予评判，语气保持平和，给予员工说明和解释的机会，对员工进行正面的鼓励和引导。此外，还应控制好反馈面谈时间，过长或过短的时间都会影响反馈效果。

二、松散型人力资源的保留与退出

由于松散型人力资源的入职门槛相对较低，其在道德水平、素质水平、知识储备、专业技能等方面良莠不齐，为保证共享经济平台的服务质量，应在这类人力资源管理制度中设定相应的绩效标准，当服务者绩效水平低于标准时，应停止服务并转入培训模式，待培训并考核过关后方可继续服务；若经过培训后，考核依然不合格，应采取暂停服务、暂时性或永久性禁用账号等惩罚措施。为杜绝共享经济平台服务者出现极端不良行为，还应建立相应的征信系统，必要时可以设置信用黑名单。下面以滴滴出行为例，介绍该平台的绩效考核体系。[14]

滴滴为司机考核建立了严格的考核制度，考核内容包含了司机的业务技术、业绩以及服务类型与水平。滴滴对平台下的司机和车辆进行严格管理，还专门建立了乘客投诉渠道，方便乘客的意见与建议能够迅速反馈给平台和司机，有利于公司准确全面地考核司机。

（一）订单取消率考核

滴滴出行专门针对订单取消率制定了具体的考核方案：① 司机接单后要尽量避免订单取消的操作，若订单取消率超过限定数值，则会导致该考核不通过；② 司机接单后要尽量避免改派，改派可能导致司机被封号几天，除非乘客主动取消行程，否则接受订单后必须接送乘客；③ 司机接到乘客后必须在手机端确认"到达约定地点"和"开始出发"，送达后也必须点击"完成"，避免乘客行程记录不准确。[14]

（二）服务质量考核

滴滴出行会对司机的服务质量进行考核，乘客的评价就是考核司机的关键依据。考核分为三个方面，首先是整体印象的打分，乘客需要根据乘车经历对司机的服务进行总体上的评价，评分为1星至5星五个档次。其次，关于服务质量的考核还会进行针对性调查，例如，是否提供饮用水、是否通知乘客开始计费、是否着装适当等，乘客通过回答"是"或者"否"进行作答。最后是开放性调查，顾客根据当次出行体验，自由反馈服务过程的各种感受。这样严格的考核也促使滴滴司机不断提高其服务质量来获取乘客的满意评价，体现了滴滴将乘客满意作为考核司机服务质量的重要原则。

（三）制定升降级标准

滴滴出行制定了司机的升降级标准。司机在试用期内必须完成相应的订单数量才算完成线上考核，同时只有补全商业保单、交强险保单、司机头像和银行卡资料才可以转正。快车升级到专车时，司机必须购买基础物料包，完成专车服务培训，按照舒适性专车标准完成50个订单并接受平台检验，检验合格后才能获得升级资格。

（四）末位淘汰制

滴滴出行通过采取"末位淘汰制"来提高滴滴司机的服务质量，在每个考核周期将按照排名淘汰评级和业绩最差的5%~10%的司机，这意味着滴滴出行的司机必须保持较高水平的服务。对于驾驶自有车辆的司机，滴滴出行也制定了相应的"降级制度"（见表 7.7）。

表 7.7　滴滴出行司机降级标准[14]

	滴滴出行司机降级标准
1	车龄超过 6 年；
2	服务得分排名位于最后 25%；
3	服务星级低于 4.7 星；
4	行程成交后取消率高于 25%；
5	前 50 个舒适型以上车型订单内有投诉记录；
6	乘客投诉率高于 2%；
7	平均接驾时间高于所在城市平均值 2 倍。

如果司机达到任意两条降级标准，司机将受到平台对其进行的降级操作，这时司机必须重新进行 30 单的快车考核才能重新上岗。另外，滴滴出行在司机刷单行为上表现出"零容忍"态度，只要检测出司机的刷单操作将通过以下两种方案进行解决：一是滴滴出行解除与司机的合作关系，要求司机退还通过刷单获取的收入，且不予支付车费的订单补贴；二是滴滴出行与司机还将保持合作关系，但司机需要受到封号处理并缴纳一定罚款，司机在被封号期间其账户余额为零，并扣除不正常订单的收入，解除封号后余额将恢复正常。

参考文献

[1] 许荻迪. 共享经济政策目标、政策导向与体系优化 [J]. 改革，2018 (4)：92-101.

[2] 许荻迪. 共享经济与泛共享经济比较：基于双边市场视角 [J]. 改革，2019 (8)：48-60.

[3] 程熙鎔，李朋波，梁晗. 共享经济与新兴人力资源管理模式——以 Airbnb 为例 [J]. 中国人力资源开发，2016 (6)：20-25.

[4] 宫庆江. 探究分享经济时代人力资源管理的挑战 [J]. 财经界（学术版），2016 (22)：342-343.

[5] 刘凤喜. 浅论分享经济模式下人力资源管理的挑战与对策 [J]. 现代经济信息，2017 (15)：79.

[6] 叶剑波. 分享经济时代人力资源管理的挑战 [J]. 中国人力资源开发，2015 (23)：6-9.

[7] 陈琛. 分享经济模式下人力资源管理的新变化 [J]. 山西财税，2016 (3)：53-54.

[8] 张新红，于凤霞，高太山，等. 中国分享经济发展现状、问题及趋势 [J]. 电子政务，2017 (3)：2-15.

［9］选对人——充满智慧的招贤纳才之道［J］. 中国新通信，2006（22）：7 - 19.

［10］马月鹏. 提升中国平安保险公司人力资源管理水平研究［D］. 上海：上海海事大学，2003.

［11］郑良博. 基于 B/S 架构的中小企业人事管理系统设计与实现［D］. 成都：电子科技大学，2014.

［12］高超民，黄荣峰，陆增辉. 概率性奖励：移动互联情景下的松散型人力资源激励新思路［J］. 中国人力资源开发，2016（16）：11 - 15.

［13］高超民. 分享经济模式下半契约型人力资源管理模式研究——基于 6 家企业的多案例研究［J］. 中国人力资源开发，2015（23）：16 - 21.

［14］于晓东，刘荣，陈浩. 共享经济背景下的人力资源管理模式探索：以滴滴出行为例［J］. 中国人力资源开发，2016（6）：6 - 11.

［15］刘岩. 中国银行绩效管理问题研究［D］. 郑州：郑州大学，2005.

第八章　共享经济平台服务定价与支付

第一节　共享经济平台服务定价策略

一、平台服务定价概述

（一）常见定价方法

价格理论作为定价技术的基础，是微观经济学的核心内容。从传统的价格理论发展到目前的网络环境定价，有关价格理论的研究也逐渐成熟。传统的价格理论可以分为马克思价格理论和西方经济学的均衡价格理论，马克思价格理论曾在定价研究中处于主导地位，之后均衡价格理论也有很大的市场。目前常见的定价方法主要有三大类：

1. 成本导向定价

有四种定价方法，包括：成本加成定价法，即按照单位产品的完全成本加上一定比例的加成进行定价；变动成本定价法，即设单位产品的变动成本为最低限度，在此基础上加上边际贡献进行定价；目标成本定价法，即在企业的预期成本目标基础上加上企业目标收益和税金进行定价；保本定价法，即在收支平衡的基础上加上单位产品税金进行定价。

2. 需求导向定价

又称为市场导向定价，有三种定价方法，包括：价值认同定价法，即根据消费者对产品的价值感受进行定价；差别定价法，也称为歧视定价法，即给同一市场上的不同消费者以不同的价格销售同一种商品；增量分析定价法，即通过需求曲线和需求弹性分析需求变动和价格变动间的关系以及对利润的影响进行定价。

3. 竞争导向定价

即把市场上处于竞争的同类产品价格作为依据进行定价的方法，包括随行就市定价法、投标定价法、高价竞争定价法和低价竞争定价法。

由于在现实中商品的定价涉及社会学、心理学以及哲学的经济学范畴，商品的价格与价值很难形成一致，这也就导致很多商品在价格上不能完全代表价值的情况出现。传统的价格理论认为产品的价格主要由市场供求以及社会必要劳动时间决定，但是在技术及消费者需求的不断发展下，产品的个性化定制风潮正在逐步改变产品在生产上以及销售上的模式，一物一价、一人一价以及一时一价都标志着产品价格将成为个体在时点上的指标。

（二）基于双边市场的平台服务定价

基于信息技术和网络技术的互联网平台为公众或组织提供信息、知识、交易、交流、娱乐和其他服务，互联网平台服务边际成本递减的特点使得平台提供免费服务成为可能。腾讯、盛大、阿里巴巴、奇虎360、百度等一大批互联网平台就是成功应用基础平台服务免费与增值服务及第三方收费相结合的策略的典型。结合免费与收费的平台服务商业模式，应合理界定免费与收费服务之间的区别，并为不同的目标用户设计合理的定价机制，以确保免费商业模式的可持续性。[1]

互联网平台服务的收益包括付费客户的直接收入、第三方（广告商、电信运营商）付费所带来的间接性交叉补贴。通过免费模式创建的大型基础平台可以为第三方提供有价值的信息资源，这些信息资源的本质是注意力资源，因此，第三方愿意为企业顾客买单。考虑到互联网服务平台注意力资源的价值，可将基于双边市场的互联网平台服务模式框架设计如图 8.1 所示。

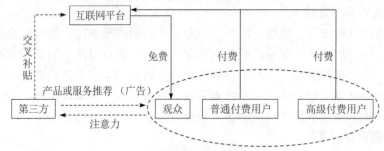

图 8.1　互联网平台服务收益机制

共享经济在知识技能、生活服务、房屋住宿、交通出行、医疗分享、共享金融等领域取得了突破性的进展。从狭义上讲，"共享经济"是一种基于陌生人，以得到报酬为目的，且存在物品使用权暂时转移的商业模式，主要存在三大主体：商品或服务的需求方、供给方和共享经济平台。[2] 共享经济平台是移动互联网的产物，通过建立基于移动 LBS 应用、动态算法与定价、双方互评体系等的一系列机制，使供需方通过平台实现交易。关于共享经济的分类，有一种分法很重要，一是中介型，如滴滴、Airbnb，只做中介，不拥有资源；二是分时租赁，如共享单车 ofo、某些新能源专车、充电宝，拥有资源，向市场投放资源，分时收租金。

（三）共享经济平台服务定价策略影响因素

双边市场定价策略的影响因素主要有三个：一是用户多归属行为、产品多样性偏好差异等消费者行为因素；二是平台排他行为和价格承诺等平台行为因素；三是两边用户的价格弹性、平台差异化等其他因素。[3]

1. 用户多归属行为

当存在两个或者更多可供选择的平台，且平台没有实施排他行为时，用户就有了多归属的可能。[4]单归属用户只注册一个平台且只缴纳一次注册费，多归属用户至少注册两个平台，并缴纳注册费超过两次。用户通常会权衡多归属的支出和收益，收益是指用户在多平台上交易可提高交易成功率和效率。从这个角度看，若平台对用户仅仅按交易次数收费，就会助长用户的多归属行为，因为多归属并不会带来成本的增加。比如，共享衣橱企业"衣二三"通过按月收费的会员模式，显著增加了用户黏性，减少了用户的多归属行为。

2. 平台的排他行为

当平台采取排他行为时，用户最多可在一个平台上注册，平台只需在一侧设定一个能使该侧用户净收益超过在竞争性平台上注册交易的价格，就可以吸引该侧用户到该平台注册交易。同时，得益于网络外部性的"滚雪球"效应，该平台将获得所有双边用户，造成垄断。例如，滴滴会与租赁公司签订商业合同，限定其车辆只能在滴滴平台做网约车，如用于其他用途，必须提前告知。具体来说，滴滴对租赁公司有业绩考核要求，只给达到标准的公司返利。因此，考虑到规模效益，租赁公司也会选择集中做一个平台，以达成业绩考核。

3. 价格承诺

平台竞争时，低价承诺是最有效的竞争手段，主导平台可以借此打击挑战者，将他们逐出市场。非主导平台可以借此超越主导平台，迅速抢占市场份额，但同时也会大大增加运营风险。例如，美团打车为了抢占滴滴的市场份额，对司机和乘客端都采用了价格承诺策略，如，对司机承诺：前五万名报名司机，三个月零抽成，信息费仍正常收取；其余司机，扣点为8%（滴滴快车的司机抽成为20%），周满150单奖励800元，120单奖励500元，90单奖励300元。

4. 价格弹性

类似于单边市场定价策略，双边市场定价往往会提高弹性较小一边的价格，而对弹性较大的一边则价格加成比较低，可能低于边际成本定价，甚至免费乃至补贴。共享经济兴起的原因是用户可以获得质优价廉的产品或服务，许多用户具有很高的价格弹性，这也是在共享经济发展早期、平台企业大规模补贴阶段用户快速、大量增加的原因。但补贴是无法长期持续的，一旦平台企业恢复合理价格甚至只是减少补贴，大量价格敏感的用户就会停止使用，造成平台企业前期巨大的投入无法收回。[5]

5. 产品差异化

两个竞争平台提供的产品和服务不可能完全相同。一般而言，产品和服务越同质，竞争越激烈，定价就越低，反之则不然。比如，滴滴出行为了提升自己的竞争力，不断拓展业务范围，提升产品差异化。滴滴出行在完善围绕乘客的一站式出行平台的基础上，加强建设围绕车主和汽车的一站式服务平台，并最终成为面向未来的共享汽车运营商。

二、中介型共享经济平台服务定价模型

中介型共享经济平台公司和传统的酒店、汽车租赁业不同，它们并不直接拥有固定资产，而是通过撮合交易，获得佣金。例如，Uber 作为世界最大的出租车提供者没有车，阿里巴巴作为最大的零售者没有库存，Airbnb 作为最大的住宿提供者没有房产。这些就是中介型共享经济平台。这类互联网平台企业利用移动设备、评价系统、支付、LBS 等技术手段将需求方和供给方进行最优匹配，并最大化双方收益。

（一）垄断状态下的定价

Armstrong（2006）仅考察了平台双边用户间网络外部性作用，实际上同侧用户之间同样存在交互。因此，双边市场中不仅存在间接网络外部性，还有直接网络外部性。[6]

假设共享经济平台的双边用户为交易双方，分别记为 B 和 S，共享经济平台对提供给双边用户的服务分别定价 P_B 和 P_S，除此之外不再收取额外费用，共享经济平台提供给双边用户服务的单位成本分别为 C_B 和 C_S。双边用户 B 和 S 的数量分别为 N_B 和 N_S，从平台获得的初始固定效用分别是 V_B 和 V_S，总效用分别是 U_B 和 U_S，双边用户的数量 N_B 和 N_S 是其效用 U_B 和 U_S 的函数，记为：$N_B = F_B(U_B)$，$N_S = F_S(U_S)$ 且 $\partial F_B(U_B)/\partial U_B > 0$，$\partial F_S(U_S)/\partial U_S > 0$，即皆为效用的增函数。双边用户间接影响参数为 α_B 和 α_S，反映了间接网络外部性的强度，即每一个买方（或卖方）单位由于卖方（或买方）的数量增加一个单位所获得的效用；同类用户直接影响参数为 β_B 和 β_S，反映了直接网络外部性的强度，即每一个买方（或卖方）单位由于买方（或卖方）的数量增加一个单位所获得（或减少）的效用。

根据以上假设条件，最终可计算出双边用户的效用分别是：

$$U_B = V_B + \alpha_B N_S + \beta_B N_B - P_B \tag{1}$$

$$U_S = V_S + \alpha_S N_B - \beta_s N_S - P_S \tag{2}$$

垄断共享经济平台的利润函数为：

$$\pi = (P_B - C_B)N_B + (P_S - C_S)N_S \tag{3}$$

垄断共享经济平台的目标是利润最大化，由方程（1）（2）（3）有：

$$\partial \pi (U_B, U_S) / \partial U_B = 0$$

$$\partial \pi (U_B, U_S) / \partial U_S = 0$$

经过求解计算可以求得 U_B 和 U_S 的表达式分别为：

$$U_B = V_B + (\alpha_B + \alpha_S) N_S + 2\beta_B N_B - C_B - F_B(U_B) / F'_B(U_B) \tag{4}$$

$$U_S = V_S + (\alpha_B + \alpha_S) N_B + 2\beta_S N_S - C_S - F_S(U_S) / F'_S(U_S) \tag{5}$$

将公式（1）（2）代入公式（4）和公式（5）得到共享经济平台垄断利润最大化时的双边价格和：

$$P_B = C_B - \alpha_S N_S - \beta_B N_B + F_B(U_B) / F'_B(U_B) \tag{6}$$

$$P_S = C_S - \alpha_B N_B - \beta_S N_S + F_S(U_S) / F'_S(U_S) \tag{7}$$

依据公式（6）（7）可以得出：当共享经济平台处于垄断状态时，直接网络外部性和间接网络外部性是定价时无法忽视的关键影响因素。在垄断状态下，共享经济平台追求利润最大化，平台针对买卖双方的定价分别受四个因素的影响：对买方的定价受服务成本、直接网络外部性、间接网络外部性和买方需求价格弹性的影响；而对卖方的定价受服务成本、直接网络外部性、间接网络外部性和卖方需求价格弹性的影响。对买方来说，当直接网络外部性和间接网络外部性都处于较强状态时，平台对它的定价可能会小于对其提供服务的成本，或者可以免费甚至定价为负，现实中表现为平台允许买方用户免费接入平台甚至提供补贴吸引更多用户。对卖方来说，由于其直接网络外部性和间接网络外部性的影响作用相反，平台对其定价时需要考虑两者的大小关系。

（二）横向差异化竞争状态下的定价

本节进一步基于"Hotelling 模型"探讨共享经济平台的定价机制。产品差异有多种形式，豪泰林（Hotelling，1929）提出了一个考虑空间差异的产品决策模型。在此模型中，产品在物质性能上是相同的，但在空间位置上存在差异，因为不同位置上的消费者要支付不同的运输成本，这时他们关心的是价格和运输成本之和，而不仅是价格。[7] 通过引入产品差异化概念，"Hotelling 模型"显示，同质产品由于品牌、位置等因素不同，产品间存在横向差异。由于这些水平差异的存在，均衡价格就不会等于边际成本，因此，企业为产品定价时，不仅需要考虑产品成本，还必须考虑水平差异对价格的影响。

这里假设存在两个相互有竞争关系的共享经济平台，分别标记为共享经济平台 1 和共享经济平台 2，两个平台之间的信息非互联互通。两个平台向市场提供的服务存在横向差异，且消费偏好不同。两个平台为市场份额而展开竞争，假设市场份额总和为 1。在这个市场中均匀分布着买方 B 和卖方 S，在面对市场中的两个平台时均选择单平台接入，单位用户 B 和 S 能从平台获得的初始固定效用分别是 V_B^1、V_B^2、V_S^1、V_S^2，总效用分别是 U_B^1、U_B^2、U_S^1、U_S^2。平台 1 和 2 为单位买卖双方提供服务的价格分别为 P_B^1、P_B^2、P_S^1、P_S^2，服务成本分别 C_B^1、C_B^2、C_S^1、C_S^2，用户 B 和 S 的单位信息搜索成本为 t_B 和 t_S。

令平台 1 的市场份额为 X，则平台 2 的市场份额为 $(1-X)$，所以有：$N_B^1 = N_B^2 = X, N_S^1 = N_S^2 = (1-X)$。

那么两个平台的双边用户效用分别是：

$$U_B^1 = V_B^1 + \alpha_B N_S^1 + \beta_B N_B^1 - P_B^1 - t_B X \tag{8}$$

$$U_B^2 = V_B^2 + \alpha_B N_S^2 + \beta_B N_B^2 - P_B^2 - t_B(1-X) \tag{9}$$

$$U_S^1 = V_S^1 + \alpha_S N_B^1 + \beta_S N_S^1 - P_S^1 - t_S X \tag{10}$$

$$U_S^2 = V_S^2 + \alpha_S N_B^2 + \beta_S N_S^2 - P_S^2 - t_S(1-X) \tag{11}$$

当两个平台处于均衡状态时，有 $U_B^1 = U_B^2, U_S^1 = U_S^2$。联立方程（8）（9）（10）（11）有：

$$N_B^1 = \frac{(t_S + \beta_S)\left[(V_B^1 - V_B^2) - (P_B^1 - P_B^2)\right] + \alpha_B\left[(V_S^1 - V_S^2) - (P_S^1 - P_S^2)\right]}{2\left[(t_B - \beta_B)(t_S + \beta_S) - \alpha_B \alpha_S\right]} + \frac{1}{2} \tag{12}$$

$$N_B^2 = \frac{1}{2} - \frac{(t_S + \beta_S)\left[(V_B^1 - V_B^2) - (P_B^1 - P_B^2)\right] + \alpha_B\left[(V_S^1 - V_S^2) - (P_S^1 - P_S^2)\right]}{2\left[(t_B - \beta_B)(t_S + \beta_S) - \alpha_B \alpha_S\right]} \tag{13}$$

$$N_S^1 = \frac{(t_S + \beta_S)\left[(V_S^1 - V_S^2) - (P_S^1 - P_S^2)\right] + \alpha_S\left[(V_B^1 - V_B^2) - (P_B^1 - P_B^2)\right]}{2\left[(t_B - \beta_B)(t_S + \beta_S) - \alpha_B \alpha_S\right]} + \frac{1}{2} \tag{14}$$

$$N_S^2 = \frac{1}{2} - \frac{(t_S + \beta_S)\left[(V_S^1 - V_S^2) - (P_S^1 - P_S^2)\right] + \alpha_S\left[(V_B^1 - V_B^2) - (P_B^1 - P_B^2)\right]}{2\left[(t_B - \beta_B)(t_S + \beta_S) - \alpha_B \alpha_S\right]} \tag{15}$$

将以上结果代入公式（3），便可以得到均衡状态下平台 1 和平台 2 的利润。平台利润最大化时，有：

$$\partial \pi_1 / \partial P_B^1 = 0 \tag{16}$$

$$\partial \pi_1 / \partial P_S^1 = 0 \tag{17}$$

$$\partial \pi_2 / \partial P_B^2 = 0 \tag{18}$$

$$\partial \pi_2 / \partial P_S^2 = 0 \tag{19}$$

联立公式（16）（17）（18）（19）得到：

$$P_B^1 + P_B^2 = 2(t_B - \beta_B) + C_B^1 + C_B^2 - 2\alpha_S \tag{20}$$

$$P_S^1 + P_S^2 = 2(t_S - \beta_S) + C_S^1 + C_S^2 - 2\alpha_B \tag{21}$$

根据公式（20）和公式（21）可以很明显看出两个平台在定价方面的博弈关系。在短期内，双边用户的信息搜索成本 t_B, t_S，间接影响参数 α_B 和 α_S，直接影响参数 β_B 和 β_S 的相对稳定，或视为不变量，那么两个平台对买方和卖方的定价之和只与服务成本 $C_B^1, C_B^2, C_S^1, C_S^2$ 成正相关。但是在长期内，直接影响参数和间接影响参数都会发生变化，随着双边用户群体数量的变化，与短期相比直接网络外部性和间接网络外部性的影响会变大，而边际服务成本随着规模效应降低的可能性甚至几乎为 0。

此时，公式（20）（21）就可写成以下形式：

$$P_B^1 + P_B^2 = 2(t_B - \beta_B) - 2\alpha_S \tag{22}$$

$$P_S^1 + P_S^2 = 2(t_S - \beta_S) - 2\alpha_B \tag{23}$$

可以看出，网络外部性对共享经济平台的定价起到决定性作用。共享经济平台在定价的时候会利用买卖双方之间的相互影响以及各方内部的相互影响，对买卖双边用户实施不同价格策略，以达到利润最大化。例如通过相应的价格策略提升买方数量，间接影响卖方群体，吸引更多参与者进入平台，进而产生更多利润。[6]

三、实践中共享经济平台服务定价方式

共享经济平台是典型的市场创造型双边市场，与单边市场一致，双边市场的定价旨在使平台利润最大化或社会福利最大化。双边市场和单边市场的定价策略完全不同，面对价格弹性不同并且相互之间存在网络外部性的两边，平台企业定价的焦点是吸引尽可能多的用户。因此，平台往往不局限于某一边的盈亏，而是采用不对称定价策略，用低廉的价格全力培养客户基础，借助网络外部性的效用吸引更多用户来平台交易，并向另一边收取高价以保证平台收益。因此，平台定价策略第一个要解决的问题是确定从哪一方获利，基于此，双边市场主要基于三种方式定价：收取注册费、按交易次数收费和两部收费制。

（一）收取注册费

收取注册费或会员费表示的是平台忽略每笔交易，在用户首次进入平台时一次性收取一笔固定费用。这种模式能有效增强用户黏性，比如，以"衣二三"等企业为代表的共享衣橱行业都采用了会员制收费模式，会员只需要支付月费，即可以在"衣二三"平台上不限次数地换穿数万款时装，如表 8.1。

表 8.1　共享衣橱代表企业及收费模式

	衣二三	女神派	美丽租	托特衣箱
成立时间	2015 年	2014 年	2015 年	2012 年
包月租金	499 元	488 元	399 元	599 元
芝麻信用分 免押金	600 分 （押金 300 元）	600 分 （押金 300 元）	700 分 （押金 300 元）	无
衣箱容量	3～5 件	3 件衣服＋1 个包/配饰	3 件	6 件衣服＋4 个配饰

（二）按交易次数收费

收取交易费表示平台针对每一笔交易分别收取对应费用，但不限制用户身份。互联网共享经济平台按交易次数定价的模式主要有三种：竞价模式、标价模式和综合模式。

1. 竞价模式

竞价模式实际上是一种竞争性价格发现机制，依据竞价机制，商品和服务的买卖方可以对特定产品或服务进行定价或竞标，另一方则依据价格信息进行筛选并决定是否完成交易。例如，TaskRabbit 平台初期允许买家发布相应的职位需求后，邀请卖家进行出价，但因为卖家即劳动力的供给弹性较大，竞价模式没办法依据市场供需状况动态修整价格，因此，简单的标价机制对该平台来说会更合适，这也导致该平台后期转而采用新的定价模式，让工人发布小时工资和时间表，从而为买家提供了一种更便捷的雇佣方式。[8]

2. 标价模式

虽然标价模式不如竞价模式灵活，但平台可以使用算法根据市场供需情况灵活定价。比如，Uber 可以根据车辆实时供需情况的变化，灵活地调整每公里运输价格；Airbnb 可以根据旅游淡旺季情况灵活标价。此外，标价单位也非常重要，例如，TaskRabbit 上虽然大多数服务（例如家政服务和寄递服务）相对较为标准，且服务的内容并没有很大差异，但是在不同情境下花费的时间却可能有所不同。所以，为特定服务设定标准价格存在很多问题，此时可以考虑采用按小时设定工资的模式。

3. 综合模式

共享经济平台的定价机制可以兼顾两种定价模式，并不一定是单一的，非此即彼的。例如，滴滴等平台就综合考虑了竞价和标价两种模式：在正常时段采用平台标价模式，而在高峰时段采用高峰加价的竞价模式，消费者可依据情况灵活加价，更高效地享受运输服务。

（三）两部收费制

两部收费制意味着平台首先收取会员费，然后再对会员的每笔交易另行收取交易费。比如，货运共享经济平台"运满满"和"货车帮"在 2018 年 1 月 15 日合并后，开始试点向货主用户收取基础会员服务费。此外，货主需要根据发货条数另外订购套餐。套餐分四档：A 套餐 688 元（100 条），每条货源 6.88 元；B 套餐 1688 元（2000 条），每条货源 0.84 元；C 套餐 2688 元（5000 条），每条货源 0.54 元；D 套餐 3688 元（10000 条），每条货源 0.37 元。

四、分时租赁型共享经济平台定价

汽车分时租赁平台是利用移动互联网、全球定位等信息技术构建网络服务平台，并使用 9 座及以下小型客车为用户提供自助式车辆预定、车辆取还、费用结算等服务的平台。本章基于收费类型和费率两方面分析我国汽车分时租赁平台的定价形式。与传统租车按天或按月计费的方式不同，汽车分时租赁一般采用计时计费或混合计费的方式。分时租赁企业采取的计时计费方式包括时长计费和分时段计费。企业一般按用户从取车到还车的所用时间进行收费，费率一般从 0.3~1.3 元/分钟不等，如 EVCARD、微公交等分时租赁企业。还有一些企业如车纷享、盼达等，以 1 小时为最小计时单位。途歌等企业采用分时段计费的模式，对白天和夜间时段出行的用户收取不同费用。混合计费方式同时按照使用时长和出行里程进行收费。里程计费一般以公里为基本单位，费率从 0.25~2 元/公里不等，时间费率从 0.3~1.3 元/分钟不等。我国现有汽车分时租赁企业的收费方式均考虑时长因素，大多采用混合计费模式，如绿狗租车、途歌、Car2go、Car2share、GoFun、一度用车、嗨车、易开租车、车纷享等。大多数企业除以上基础计费方式外，还提供特殊计费方式的辅助计费服务，比如包夜计费、按日计费等，见表 8.2。[9]

表 8.2　中国主要汽车分时租赁企业定价形式

类型	主要计费方式	费率	
		时长费	里程费
EVCARD	计时计费	0.5~1.3 元/分钟	
盼达租车	计时计费	19 元/小时	
微公交	计时计费	25 元/小时	
GoFun	混合计费	0.1 元/分钟	1 元/公里
Car2go	混合计费	0.3 元/分钟	1.8 元/公里

续表

类型	主要计费方式	费率	
		时长费	里程费
Car2share	混合计费	6 元/0.5 小时	1.5 元/公里
车纷享	混合计费	19 元/小时	0.25 元/公里
途歌	混合计费	日：0.28 元/分钟 夜：0.02 元/分钟	0.188 元/0.1 公里
一度用车	混合计费	0.2 元/分钟	2 元/公里
易开租车	混合计费	0.09 元/分钟	0.45 元/公里
嗨车	混合计费	0.2 元/分钟	0.18 元/0.1 公里

第二节　共享经济平台服务支付策略

支付结算是共享经济平台的关键环节。科学合理的支付结算策略可以提升企业与用户之间的沟通效率，有效解决供需双方在押金、预付资金和费用结算等方面的问题。本节以共享交通领域为例，分析共享经济平台支付主要问题，并提出具有针对性的优化策略。

一、共享经济平台支付问题分析

近年来，共享交通支付结算领域出现的典型问题包括用车押金权属争议、用户资金存在风险、用户重复交纳押金等（见表8.3）。

（一）押金权属争议

为了确保车辆资产的安全，共享交通企业通常要求未达到信用等级要求的用户，在使用车辆前支付一定费用作为车辆押金。共享单车的押金一般在100至300元之间，普通品牌共享汽车的押金一般在数百至数千元之间。据《中国互联网络发展状况统计报告》统计，截至2017年6月，自行车共享用户总量达到了1.06亿。按照平均每人交纳100元押金的标准计算，自行车共享行业的押金总额将超过100亿元。[10]由于共享汽车起步较晚且用户总量较少，尚未积累大规模押金，未来，随着行业规模的逐渐扩大，共享汽车行业的押金总规模也将继续增加。单车是常用的交通工具，大多数用户在用完车后为了方便，一般不退押金，这笔资金将继续存入平台的公司账户中。由于没有对平台押金方面的法律监督，所以，本属于用户的押金实际上是由平台代为管理的。为了开拓新的市场，部分平台私自挪用押金购买新车或预付运营费用，甚至有些平台将部分押金通过投资渠道以赚取收入。押金是用户暂时持有的债权人权利的保证金，以便在需要用车时获得使用车辆资产的权利。在分时租赁模式下，当用户结束用车时，对共享经济平台所提供的车辆没有任何占有行为，此时应该解除双方的债务承诺，如果共享经济平台继续免费持有和使用用户的押金，那么从理论上讲，它将侵犯用户的资金和权利。用车押金的所有权问题以及如何处理押金产生的收益已成为共享经济领域争论的焦点。

表8.3　共享交通领域部分问题公司名单

行业	品牌	开始运营时间	运营规模	倒闭时间及问题	用车押金（元）
共享单车	悟空单车	2017 年 1 月	用户约 1 万名，平均每辆车每天使用频率 3~4 次	2017 年 6 月倒闭，退押金难	99
	町町单车	2016 年 12 月	累计投放超 1 万辆，用户规模达 15 万人	2017 年 8 月倒闭，退押金难	199
	小鸣单车	2016 年 9 月	用户约 79.6 万人	2017 年 7 月进入破产程序，退押金难	199
	酷骑单车	2016 年 11 月	累计投放超 100 万辆，用户规模达 171 万人，最高日订单达 300 万	2017 年 9 月倒闭，退押金难	298
	小蓝单车	2016 年 11 月	仅在北京、广州等 6 所城市运营，用户规模达 2000 万人	2017 年 11 月倒闭，退押金难	99
共享汽车	途歌	2015 年 7 月	用户规模达 200 万人	2018 年 12 月半停滞状态，退押金难	1500
	友友用车	2014 年 3 月	原为 P2P 私家车共享经济平台，2015 年 10 月后主打电动汽车分时租赁业务	2017 年 3 月停运，退押金难	1000
	麻瓜出行	2017 年 12 月	主要在杭州投放，主要车型为众泰 E200 和北欧 EC200	2018 年 5 月倒闭，退押金难	1500
	中冠共享汽车	2017 年 7 月	主要在济南投放，提供市内短程出行服务	2018 年 6 月倒闭，退押金难	2000
	EZZY	2014 年	打造以品质服务为核心的出行文化，提供涵盖奔驰、宝马、奥迪等多款高端车型自驾出行服务	2017 年 10 月倒闭，退押金难	2000

（二）资金存在风险

近年来，随着行业竞争加剧，大量共享单车平台相继倒闭，媒体爆出小鸣、酷骑和小蓝单车没有退还的用户押金分别达到了 5000 万元、7 亿元和 2 亿元，共享单车平台的资金风险大，用户押金的安全得不到保障成为了全社会关注的焦点。共享汽车平台虽然起步较晚，但同样需要面对用户押金的问题。共享单车的产品造价较低，押金相对较少，共享汽车由于产品造价高，押金数额较为庞大，可能导致更严重的资金风险问题。

造成押金风险大的主因是当前共享交通行业资金存管和支付结算管理机制的滞后和落地困难。共享单车于 2015 年在中国兴起，而交通运输部等十部委在 2017 年 8 月才一起颁布了《关于鼓励和规范互联网租赁自行车发展的指导意见》（以下简称《意见》）。其中明确指出，共享单车平台应该分开管理用户交纳的押金、预付资金和自身运营资金，在注册地开立专户管理，专款专用。而共享单车企业挪用用户押金的情况在《意见》颁布前就已经出现。《意见》提出了关于用户存款和预付资金管理的法规，但没有提出违反法规的对应处罚措施，导致该政策颁布后，滥用用户押金和预付资金的情况仍然大量存在。当共享交通平台运营正常时，其资金风险并不明显，一旦企业面临破产清算，企业所有账户资产都将用来清偿债务，用户押金和预付资金没有优先清偿权，所以消费者的资金安全就可能面临重大风险。

（三）重复交纳押金

共享单车和共享汽车的本质是基于互联网的分时租赁，在特定时间内，车与用户是一一对应的关系。押金是用户在用车时向共享交通平台交纳的车辆资产保证金，当用户的用车行为终止时，押金所有权应该归还给用户。当前共享交通平台数量众多，用户使用不同品牌的车辆时必须分别交纳押金。以共享单车的运营模式为例，各共享单车平台的投放区域不同，因此，用户在各区域发现和使用的共享单车品牌也不同，为了方便用车，用户经常需要注册多个共享单车平台，交纳多次押金。共享汽车平台考虑到车辆资产价值相对较高，一般会收取更多押金。多次交纳押金增加了用户的资金负担，并且使更多的资金面临被挪用的风险。

二、共享经济平台支付策略优化

（一）建立公共共享经济平台，实行押金统一管理

针对共享交通领域当前存在的用户押金和预付资金安全风险问题，《意见》要求企业必须区分其运营资金和预付资金存款及其管理，专款专用。对于用户多次交纳押金的问题，应该由相关行业主管部门领导，停止一个平台收取一次

押金的做法，委托在线支付领域的行业领导者（例如，阿里巴巴旗下的支付宝或腾讯旗下的微信支付）建立一个共享交通支付结算的公共平台，对所有共享交通工具进行统一的支付结算管理，实现平台资源互联互通和用户押金共享。考虑到当前共享交通行业存在较为严重的车辆损耗现象，可让统一支付结算公共平台适当增加用车押金，当同时注册两种或两种以上的共享交通平台时，平台按原则不重复收取押金。使用统一支付结算公共平台对用户押金进行管理后，资金由原来的企业账户转移到公共共享经济平台的账户，在资金安全上更具优势。

（二）规范用车资金管理，合理解决收益分配

2017年底，中国消费者协会组织讨论共享单车押金和预付款管理问题时，有专家提出了委托第三方管理资金的初步设想。建议依托共享交通支付结算公共平台统一管理，用户押金委托第三方平台存管，使资金不再由共享平台单方面控制。为方便用户用车，减少用户频繁交退用车押金，最好由有关部门出台制定供需双方合理享有用车押金的收益分配计划，将平台存管押金购买低风险理财产品。在确保押金所有权属于用户的基础上，将得到的投资理财收益，合理分配给供需方，该方法可依据用户用车情况确定收益分配归属，以按日结算的方式计入供需双方在公共共享经济平台的账户中，比如押金理财收益在没有用车的当日归属用户，用车当日的理财收益归共享交通企业享有，如果当日使用了多个品牌车辆，则由被使用的共享品牌企业共同分配。

此外，除了具有指定品牌的单一目的的预付资金（例如回扣）外，最初存放在公共共享经济平台账户中的用户的预付资金都由指定的共享运营商支配。在公共共享经济平台付款结算模型中，必须将剩余的预付资金管理权限退还给用户，并且可以用于任何共享品牌的付款结算。另一方面，通过优化创新的支付和支付模式，更合理地分配各方利益，加强对支付及资金的监管，确保用户资金安全；此外，可以有效避免共享交通平台占用用户押金和预付资金的现象，有效改善供需双方在资金占用上面临的矛盾。

（三）引入信用机制管理，实现平台数据实时共享

实时连接共享交通平台和支付结算公共平台数据，实现对信用和信用信息支付结算的同步反馈，对用户的车辆行为进行处罚或奖励。使用远程监控、车辆互联网等技术手段对共享经济平台用户进行实时定位，显示用户的驾驶轨迹、安全提示、车辆允许和禁止停放区等信息。对于不适合停车的区域进行禁运管理，并在比较重要的区域（如交通枢纽、大学城、商业区和生活区等）安装电子围栏停车场。

对具有不文明用车行为的用户，在支付结算的同时发送短信对其进行提

醒，并对不愿改正者实施相应的惩罚。文明和受信任的用户在付款时会定期获得激励，例如价格折扣，积分转换或免费使用汽车。通过加强信贷机制的管理，公司可以提高对优质用户的服务质量，减少不良用户，并鼓励用户更多地关注个人信贷记录的积累。改善的用户信誉可以帮助更有效地确保车辆资产的安全以及共享运输公司的支持基础设施。共享公司运营成本的降低更直接地体现在汽车收费标准的降低上，低成本共享使更多的用户感受到共享交通的便利并乐于参与其中。

第三节　共享经济平台服务安全管理策略

一、共享经济平台安全风险分析

（一）信息泄露风险

共享经济是一个高度依赖信息才能持续发展的行业，共享经济中的所有商业模式都基于信息获取。参与者想要参与共享活动，就必须通过互联网将个人信息上传至共享平台，才能进行其他活动，而以上环节都离不开信息的交换与共享。共享经济一般需要分析大量的数据以支撑平台的运营，比如获取位置信息、交易时间和交易金额等关键要素，其本质就是对交易者进行实时追踪并获取交易者的相关信息。

按照传统的商业习惯，交易者之间的信息传递仅在买方与卖方之间进行，第三方无法轻易获取，但是共享经济中的交易者大多是多对多而不是一对一的结构。例如，在传统的房屋租赁或买卖过程中，通常是房屋提供者向房产中介提供信息，再由房产中介向房屋需求者提供住房信息。即使中介掌握了信息，也不会轻易将信息在房屋提供者和需求者之间直接传播，也就不会将房屋提供者的信息散播出去，能够保证信息的私密性。但是，在共享经济中，房主想要将房屋租赁或者卖出去，就必须发布房屋信息和个人信息（这也是共享经济的特征，在没有中介参与的情况下，会提升交易者的真实性与信用度）。在此过程中，共享经济平台具有双向信息收集的优势，既有资源提供者的信息又有需求者的信息，而共享经济平台就会对这些信息进行分析和判断，以实现更准确的匹配和智能推送。从这里可以看出，只要你使用共享平台进行了交易，你就很难维护自己的信息安全和隐私。[11]

（二）社会监管风险

出行、物流、房屋租赁、二手物品交易等，是近年来共享经济的热门领域。由于这些行业很容易产生公共安全和违法犯罪问题，在传统经济模式中均属于公安机关实施行政管理的特殊行业，需要按照《中华人民共和国治安管理处罚法》和相关行业管理办法来进行规范管理，但共享经济模式大大降低了行业的市场准入门槛，使这些特殊行业的参与者缺乏监管。

以民宿类在线短租业务为例，近年来，民宿类在线短租发展速度很快，但其行业划分困难，法律没有明确规定，市场也难以精准定位，当前市场形成了多种形式的管理办法。一是民宿提供者依据旅馆业相关管理办法进行注册登记及在线运营等活动；二是以房屋租赁的形式，根据出租房屋管理相关法规，在公安机关进行登记备案，然后开展经营活动；三是通过网络平台注册为运营商，从事经营活动，而无须经过行政审批程序。由于从业状况的不确定性以及该平台与以上三者之间法律关系的不确定性，房屋提供者在从事在线短租经营时，很难定位其性质，一旦出现人身、财产伤害或合同责任问题很难根据适用法律来处理，这无形中加剧了社会矛盾和纠纷。

（三）人身安全风险

共享经济是基于陌生人关系且存在物品使用权暂时转移的一种新的经济模式。陌生人关系是指服务使用者和提供者双方在达成交易前并不认识，这一点是诱发安全事故的最根本原因。特别是共享住房、共享出行这一类，在服务进行中，双方作为陌生人，共同处于相对密闭的空间里，如果其中一方怀有恶意，最容易发生危险。

例如，2018年4月，北京，疯蜜创始人张桓在使用网约车服务时，遭遇"滴滴打人"。司机接单后20多分钟未赶到约定地点，并且拒绝取消订单，最后在争执过程中司机把张桓打成左眼软组织塌陷。同年5月，广东肇庆，一位滴滴用户由于在乘车过程中抱怨滴滴司机未按照约定时间接驾，称要给司机差评，双方因此发生争执。滴滴司机要求乘客删除差评遭到拒绝。随后，司机从车上拿出刀，威胁乘客删除差评，所幸未造成进一步伤害，该滴滴司机被警方抓获。同年5月，河南郑州，一名年仅21岁的空姐在使用滴滴顺风车服务时，被身上携有凶器的滴滴司机杀害。

（四）资金安全风险

共享经济的商业模式导致大量人口和资金流动，使得社会闲置资金得以大量积累，容易造成涉及群众的经济犯罪和群众事件，而P2P在线借贷是基于共享经济发展起来的互联网金融产品。P2P在线借贷利用其自身的风险管理能力和平台优势来帮助个人投资者选择合格且可信的借款人，通过匹配方法提供费率建议和投资期限，并帮助匹配借款人和出借人，投资意向由投资者自己选择，结果由投资者自己承担，平台收取相应的服务费。P2P在线借贷存在严重问题和隐患。首先，是由行业本身的非法经营引起的。由于激烈的竞争，一些平台通过增加吸引力，放宽公司风险管理标准，开展无抵押贷款项目以及向投资者保证高回报，增大了公司发展的风险。此外，为了不被垫资风险拖垮，平台违反规则建立了资金池，偏离了P2P商业模式，虚造项目标的，从事传统网络借贷；二是P2P网贷领域缺乏有效监管。网贷是社会借贷、投资的重要渠道，是国家金融安全的敏感区域，但由于P2P网贷发展速度过于迅猛，社会参与度过高，利益相关者过于广泛，都使其很难遵循国家政策，2013年以来市场一直缺乏对P2P网贷的有效监管，导致P2P平台的进入门槛极低，所有因素导致了P2P平台的安全风险一直很高。2018年6到7月份，P2P平台的安全风险问题集中爆发，许多平台利用P2P平台进行非法集资等犯罪行为。2018年8月24日，国务院法制办公室就《处置非法集资条例（征求意见稿）》向社会征求意见，明确了非法集资的参与者必须自己承担因非法集资而造成的损失的结论。

（五）社会冲突风险

随着共享经济的迅速发展，许多共享经济平台开始进入传统行业，与传统行业中的企业展开激烈竞争。共享经济商业模式基于互联网展开运行，加上一些共享经济产业的C2C模式平台不需要购置资产，通过轻资产化的运营模式大大减少了企业成本，相对于传统企业而言，效率和竞争力都有明显提升。同时，许多共享经济领域仍在制定监管和规范化运营的政策，在政策正式实施之前，部分共享经济企业不需要履行传统的商业税收、社会保险等义务，与传统行业形成不公平竞争。

在交通出行行业，传统出租车和网约车间存在明显的利益冲突。传统出租车通过巡游或固定地点守候的方式寻找客户，但网约车通过平台网络信息筛选、GPS精准定位进行合理客源匹配，打破了供需信息不对称的壁垒，降低了空载概率，减少了不必要的巡游，大大降低了运营成本。此外，网约车还可以根据数据分析为用户提供个性化的服务，减少等待时间，并且APP打车操作简单快捷，容易培养用户黏性。网约车出行对传统出租车行业产生了巨大的市场冲击，网约车分流了出租车的客源，导致出租车司机收入锐减，进而间接导致了出租车公司资产缩水。近年来，此类问题已多次引发出租车司机与网约车司机之间的冲突，甚至导致了出租车行业集体停运罢工等群体性事件。

（六）劳动者权益风险

劳动者权益保护制度的完善程度是衡量国家发展水平和社会文明程度的重要指标，也是关乎民生的重要内容，如果劳动者权益得不到保障，就会引起社会矛盾。共享经济催生了大量的"临时工"，如网约车主、外卖送餐员、兼职家庭教师等，都是共享经济时代劳动力共享的代表，他们利用闲暇时间，用劳动或技能换取报酬。

但看似合理的现象背后存在着许多隐患。首要问题是如何保障共享经济从业者的劳动权益。调查发现,共享经济平台的很多参与者已经不再是利用空闲时间参与其中,而是以临时工的方式从事着全职甚至超全职的工作,但却拿不到对应的报酬,并且无法得到全职劳动者对应的权益保障。以网络代驾为例,大部分代驾司机都是以兼职身份提供代驾服务,借助手机 APP 获取平台匹配任务,接到任务后自行抵达指定地点,为客户提供代驾服务,服务完成后收取佣金并自行返回。整个过程以接到任务开始,一直到完成任务后结束,其他时间回到自由状态,和平台的劳动关系自动结束。所以,代驾司机可能全天都在等待任务之中,但他的权益保障却只存在于执行任务期间。由此会引发诸多问题:首先,如何保障劳动者在等待任务期间的权益? 其次,劳动者工作过程中的权益依据何种劳动关系进行保障? 最后,劳动者以全职方式长期从事此类工作如何获得应有的社会保障? 以上问题是当下共享经济行业普遍面临的问题。

二、共享经济平台安全管理策略优化

(一)建立行业自治公约

在有关政府部门未能及时制定有效政策法规的背景下,业内企业应该通过制定行业协议开展自我约束和管理。当前,共享经济行业还没有确定行业准入标准,市场尚处在自由竞争的状态,应该按照先生存后发展的原则,在同行之间制定行业公约或者创建行业协会,在遵循国家战略和社会基本法制的前提下,通过各企业平台相互协商的方式,在市场规范、行业标准等方面制定统一的标准,对行业成员的行为进行指导和约束。相对于国家政策和法律规范来说,行业公约更像是一种自我约束,在国家政策和法律尚未健全或无法有效实施的时候,行业公约便承担起重要的约束管理作用。可以说,建立行业协会和制定行业公约对促进共享经济的健康有序发展起到了重要作用。此外,还应该让共享经济行业与传统经济行业进行有效沟通,建立联动,平衡两者间的利益,以更灵活的方式进入传统经济领域,避免发生激烈冲突,从而维护社会的和谐稳定。

(二)强化平台用户信息安全管理

信息安全是社会安全治理面临的重要问题。强化信息安全管理既是政府监管部门的责任,也是共享经济平台的责任。共享经济平台在运营过程中收集了大量的用户信息,包括用户身份信息、通信信息、银行账号信息等,这些信息一旦泄露,将导致严重的社会治安问题,例如电信诈骗、网络传销等。信息安全管理应该首先在共享经济平台间建立统一的信息安全监督规范,在平台内多个部门之间建立集成的信息安全管理机制，并在出现数据泄露事件时启用预警机制，形成行业之间以及平台内部的有效配合，将信息泄露的风险尽可能地降低。其次，共享经济平台应增强信息安全防范意识，重点监管信息数据可能发生泄露的环节。例如，为防止用户不小心泄露自己的信息，平台应在用户打开注册页面时就进行信息安全保护提示，并注明可能虚假骗取用户信息的行为。最后，共享经济平台应该加大对信息安全技术的研发投入。平台可以与专注于网络安全研发的科研组织合作，以增强其信息安全保护，增强其技术研发或维护和升级信息安全预防技术。

（三）引进商业保险机制

共享经济中各主体均要面临各种风险和责任，这就需要完善风险保护机制，引入商业保险机制。引进专业保险机制能够很好地转移风险，对贸易安全起到了有效的保护作用。引进保险机制后，应该建立相应的权责分配机制，明确规定保险责任的承担方，包括哪些情形属于承保范围，以及各主体间如何分配保险责任。要解决这些问题，应该先明确共享交易过程中各方权责的划分方式，一般的共享交易模式应由资源或服务供给方承担所有的质量及安全责任，而平台方应该承担相应的审查监管责任，并有及时救助的义务。商业保险机构应该承担参保平台的资质审查、参保风险的评估等责任。此外，应该把共享经济平台是否参加商业保险作为其商业信用评价的重要参考指标。信用是商业活动顺利开展的前提，因此，引进商业保险机制是解决共享经济平台当前所面临的交易安全风险的重要方法。

（四）建立共享经济的信用评价体系

建立信用评价体系可以解决共享经济发展中面临的很多实际问题。首先，信用评价体系能够改善现有的资金安全问题。例如，部分共享单车平台和阿里芝麻信用分建立了联系，小蓝单车的用户在使用芝麻信用分后可以免押金使用单车，并且用户在使用过程中的行为也会反映到芝麻信用分的评定体系中去，进而影响信用分的评级。芝麻信用分依据用户的信用记录、职业身份、交易行为等数据区分出用户的信用等级，共享单车平台根据用户不同的信用等级为其提供不同级别的服务。此外，部分大型单车共享平台依据自己建立的信用评价体系，来决定如何对用户收取押金。例如，摩拜单车基于用户曾经的使用记录建立用户信用评价体系，判断用户能否免押金使用单车。在共享经济规模不断增大、结构不断优化的大背景下，用信用评价替代押金收取已经是大势所趋。芝麻信用分已在生活中的各个领域开始起到信用评价的作用，如部分城市开始通过扫二维码的方式乘坐地铁公交，滴滴打车的先打车后付费、网络购物中的打白条的方式等。

（五）实现信用数据共享

将共享的经济平台与社会信用系统对接，实现社会信用数据的共享是未来经济社会的发展趋势。中国的社会信用体系建设才刚刚起步，信用建设标准还未能统一，公众对信用体系建设的重视程度还远远不够。并且，由于各个地区的经济发展速度差异较大，各地方政府各自为政，导致信用体系的建设推广非常困难。我们应进一步加强树立社会公众良好的诚信观念，将社会信用建设作为社会长期发展计划，将信用评价作为市场经济体系中的准入门槛，将商业交易行为与信用评价体系关联，从而引导经济市场良性发展，培养经济市场健康的消费习惯。共享经济实现了平台公司和社会信用系统的对接和共享，信用评价数据被用作贸易评级的重要指标，而信用评级降低等纪律措施则针对违反商业原则（例如不诚实）的交易者，使其被市场自行淘汰，进而净化共享经济行业的环境；并且应该建立专门的信用对接共享机制，开发更多信用评价产品，将其投入市场，以强化社会公众的信用意识，规范市场的交易行为，降低交易风险。[11]

参考文献

[1] 王雪擎，陈黎明. 互联网企业平台服务定价的信息经济学解读 [J]. 中国物价，2017（1）：78-81.

[2] 任万江. PD用车公司发展战略研究 [D]. 成都：西南交通大学，2018.

[3] 纪汉霖，管锡展. 双边市场及其定价策略研究 [J]. 外国经济与管理，2006 (3)：15-23.

[4] 朱庭蕙. 基于交叉网络外部性的无线增值业务双边平台定价研究 [D]. 长沙：湖南大学，2012.

[5] http：//club. kdnet. net/dispbbs. asp? id=13462985&boardid=1

[6] 侯建森. 网络外部性对电子商务平台定价机制影响研究 [J]. 中国物价，2015 (9)：30-32.

[7] https：//wenku. baidu. com/view/119aeeede009581b6bd9ebe0. html

[8] 吴绪亮，梁晓红. 共享平台的经济学逻辑与监管政策 [J]. 竞争政策研究，2018 (3)：37-45.

[9] 涂颖菲，蔡茜，陈小鸿. 汽车分时租赁定价及价格弹性分析 [J]. 交通与港航，2018，5 (6)：33-39.

[10] 巫圣义，李晓华. 共享交通支付结算模式优化创新 [J]. 企业经济，2019 (5)：50-58.

[11] 李巍. 共享经济的社会治安风险研究 [D]. 北京：中国人民公安大学，2019.

第九章　共享经济平台基本架构与数据管理

第一节　平台型企业的基本架构

从组织角度看，共享平台企业作为平台运营的主体必须建立完善的企业架构。根据 Gartner Group 的定义，企业架构是指通过创建、沟通和提高用以描述企业未来状态和发展的关键原则来把商业远景和战略转化成有效的企业变更的过程。企业架构一般由业务架构和 IT 架构两部分构成（如图 9.1），大多数企业的架构方法都是从 IT 架构发展而来的。[1]

业务架构是将公司的业务战略转化为日常运作的渠道，由业务战略确定业务架构，它包括业务策略、组织结构和业务流程架构等。

IT 架构是指导 IT 投资和设计决策的 IT 框架，是构建企业信息系统的蓝图，它包括应用架构、数据架构和技术架构。

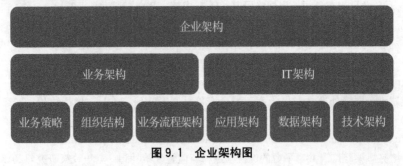

图 9.1　企业架构图

业务架构和 IT 架构中的应用架构、技术架构、数据架构各自的侧重点不一样，业务架构是四大架构之首，应用架构、技术架构和数据架构是业务架构的支撑和落地的平台。

一、业务架构

业务架构中的业务策略是公司的"业务面"。它通常是由企业的核心业务职能组成的，是企业在市场上区分于其他企业的关键。

业务架构落地并产生价值的载体是一个个的业务流程。一个企业的业务流程是理解其业务运作的关键所在，也是业务架构的核心。所谓业务流程是为达到特定的价值目标而由不同的人分工合作完成的一系列活动。活动之间不仅有严格的先后顺序，而且活动的内容、方式、责任等也都必须有明确的安排和界定，使得不同活动在不同岗位角色之间进行转手交接成为可能，活动与活动之间在时间和空间上的转移可以有较大的跨度。

从企业端到端的高端流程，再到各个业务领域二级、三级等流程的分析，形成高端流程→子流程→活动→活动单元→任务→事件的主线，反映了企业的动态信息；而组织、人员、岗位、角色、业务对象和表单、规程、模板等各种信息，反映的是企业的静态信息，静态信息的重点是业务领域和业务对象，即形成业务领域→业务主题领域→业务模块→业务单元→业务组件的静态数据逐层分解。静态信息＋动态信息＋交互点＋接口分析后形成完整的业务架构。可以看到流程再细粒度分解后的活动单元的组合可能形成业务组件和业务模块，同时业务模块本身又存在更细粒度的流程和活动分解，业务组件本身又是多个流程的组成部分，因此静态和动态相互融合，形成交互，所以必须分析交互和接口。

二、IT 架构

IT 架构包括应用架构、数据架构和技术架构。

（一）应用架构

企业应用架构是指一整套软件系统的构建，通过合理的划分和设计组合在一起，支持企业方方面面的经营运作。不管是传统企业，还是互联网企业，发展到特定规模，都需要一整套体系化的应用架构来支撑其运转。良好、合理的应用架构可以支撑企业业务高效开展，并帮助企业控制经营风险，混乱而不合理的应用架构将限制企业的快速发展，并成为企业增长和变革的瓶颈。[2]

（二）数据架构

相对于业务架构和应用架构，数据架构在总体架构中处于基础和核心地位。理想的 IT 架构计划逻辑上应由数据驱动，即先根据业务架构分析定义数据架构，然后基于数据架构结合业务功能定义应用架构，最后根据应用架构和数据架构的定义设计技术架构。

1. 传统数据基础架构

如图 9.2 所示，传统单体数据架构最大的特点便是集中式数据存储，企业内部可能有诸多的系统，例如 APP 移动端、Web 业务系统、ERP 系统等，这些系统的事务性数据主要基于集中式的关系型数据库（DBMS）实现存储，大多数将架构分为计算层和存储层。

存储层负责企业内系统的数据访问，且具有最终数据一致性保障。这些数据反映了当前的业务状态，例如系统的订单交易量、网站的活跃用户数、每个用户的交易额变化等，所有的更新操作均需要借助于同一套数据库实现。

图 9.2　传统数据架构

单体架构的初期效率很高，但是随着时间的推移，业务越来越多，系统逐渐变得很大，越来越难以维护和升级，数据库是唯一的准确数据源，每个应用都需要访问数据库来获取对应的数据，如果数据库发生改变或者出现问题，则将对整个业务系统产生影响。[3]

随着微服务架构的出现，企业开始逐渐采用微服务作为企业业务系统的架构体系。其核心思想是，该应用由多个独立的小型微服务组成，这些服务在自己的进程中运行，开发和发布彼此没有依赖。根据不同的业务需求，可以在不同的技术架构之上构建不同的服务，并且可以专注于有限的业务功能。

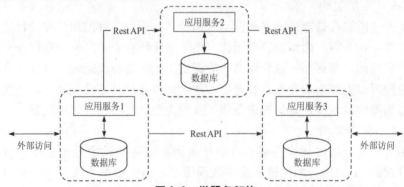

图 9.3　微服务架构

如图 9.3 所示，微服务架构将系统拆解成不同的独立服务模块，每个模块分别使用各自独立的数据库，这种模式解决了业务系统拓展的问题，但是也带来了新的问题，那就是业务交易数据过于分散在不同的系统中，很难将数据进行集中化管理。

对于企业内部进行数据分析或者数据挖掘之类的应用，则需要通过从不同的数据库中进行数据抽取，将数据从数据库中周期性地同步到数据仓库中，然后在数据仓库中进行数据的抽取、转换、加载，从而构建成不同的数据集市和应用，提供给业务系统使用。

2. 大数据数据架构

起初数据仓库主要还是构建在关系型数据库之上，例如 Oracle、Mysql 等数据库，但是随着企业数据量的增长，关系型数据库已经无法支撑大规模数据集的存储和分析，因此越来越多的企业开始选择基于 Hadoop 构建企业级大数据平台。

同时众多 Sql-On-Hadoop 技术方案的提出，也让企业在 Hadoop 上构建不同类型的数据应用变得简单而高效，例如通过使用 Apache Hive 进行数据 ETL 处理，通过使用 Apache Impala 进行实时交互性查询等。

大数据技术的兴起，让企业能够更加灵活高效地使用自己的业务数据，从数据中提取出更多重要的价值，并将数据分析和挖掘出来的结果应用在企业的决策、营销、管理等应用领域。但不可避免的是，随着越来越多新技术的引入与使用，企业内部一套大数据管理平台可能会借助众多开源技术组件实现。

例如在构建企业数据仓库的过程中，数据往往都是周期性地从业务系统中同步到大数据平台，完成一系列 ETL 转换动作之后，最终形成数据集市等应用。但是对于一些时间要求比较高的应用，例如实时报表统计，则必须有非常低的延时展示统计结果，为此业界提出一套 Lambda 架构方案来处理不同类型的数据。

如图 9.4 所示，大数据平台中包含批量计算的 Batch Layer 和实时计算的 Speed Layer，通过在一套平台中将批量计算和流式计算整合在一起，例如使用 Hadoop MapReduce 进行批量数据的处理，使用 Apache Storm 进行实时数据的处理。

这种架构在一定程度上解决了不同计算类型的问题，但是带来的问题是框架太多会导致平台复杂度过高、运维成本高等。在一套资源管理平台中管理不同类型的计算框架使用也是非常困难的事情。总而言之，Lambda 架构是构建大数据应用程序的一种很有效的解决方案，但是还不是最完美的方案。

后来随着 Apache Spark 的分布式内存处理框架的出现，提出了将数据切分成微批的处理模式进行流式数据处理，从而能够在一套计算框架内完成批量计算和流式计算。

但因为 Spark 本身是基于批处理模式的原因，并不能完美且高效地处理原生的数据流，因此对流式计算的支持相对较弱，可以说 Spark 的出现本质上是在一定程度上对 Hadoop 架构进行了一定的升级和优化。

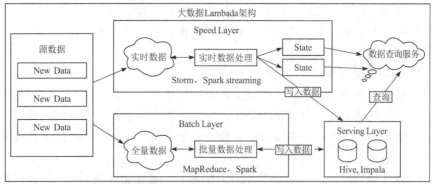

图 9.4　大数据 Lambada 架构

（三）技术架构

一种定义认为，技术框架是一种允许全部或局部技术系统可重用的设计，表现为一组抽象构件及构件实例间交互的方法；另一种定义认为，技术框架是可被技术开发者定制的应用骨架。前者从应用端而后者从目的端定义。

技术架构是在技术层面描述的，主要是分层模型，例如持久层、数据层、逻辑层、应用层、表现层等，然后每层使用何种技术框架，例如 Spring、hibernate、ioc、MVC、成熟的类库、中间件、WebService 等。

第二节　汽车共享平台数据管理策略

一、汽车共享平台的基本架构

一般汽车共享平台按技术架构来分可分为四层架构，从顶层至底层分别是客户端层、调度层、业务层和数据层。

客户端层：包括门户网站、平台 APP、客服系统和后台管理系统。

调度层：用来识别客户端层（移动终端和 PC 端）发送过来的用户请求，然后根据业务类型进行具体的调度。

业务层：接收调度层发送过来的请求，执行具体的业务逻辑。

数据层：负责数据库增、删、改、查以及文件系统的读写操作。从数据库性能考虑，可以采用读写分离的技术手段，即将数据库分为读库和写库，通过主备功能实现数据同步。并且将数据库进行垂直拆分，将用户业务、订单业务相关的表放在不同的数据库中。

系统总体架构如图 9.5 所示。

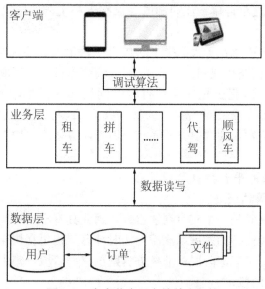

图9.5　汽车共享平台的基本架构

　　按功能来分由会员系统、车载终端、门户网站、平台 APP、客服系统、后台管理系统等模块组成，如图9.6。

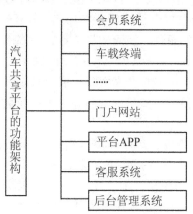

图9.6　汽车共享平台的功能架构

二、汽车共享平台数据管理策略：以滴滴平台为例

　　共享经济平台在运营中积累了大量的数据，形成了具有巨大价值的大数据资源。以滴滴平台为例，目前滴滴已成为整个中国甚至全球发展最快的互联网公司。滴滴平台拥有 3 亿用户，在中国 400 多个城市里开展服务，司机超过1400 万，1400 万的司机是整个中国所有机动车总量的 10％。每天服务的订单

超过 1300 万个，这个订单量让滴滴成为仅次于淘宝的中国第二大互联网交易平台。[4]

滴滴的成功之道就在于大数据。2016 年，滴滴平台每天产生超过 50TB 的数据，超过 90 亿次路径规划。在 2015 年，滴滴出行平台完成 14.3 亿个订单；累计行驶里程达 128 亿公里，累计行驶时间达 4.9 亿小时。[4]为此，滴滴在 2015 年 5 月成立机器学习研究院，2016 年 4 月又将其升级为滴滴研究院，专注于大数据技术研发，大数据支撑滴滴海内外业务拓展，积极挖掘自身交通大数据。

（一）共享经济平台数据管理策略

1. 滴滴数据管理演进

滴滴的核心业务是一个实时在线服务，因此具有丰富的实时数据和实时计算场景。随着滴滴业务的发展，滴滴的实时计算架构也在快速演变。滴滴数据管理演进大概经历了三个阶段：业务方自建小集群阶段，集中式大集群、平台化阶段和 SQL 化阶段。[5]

第一阶段，业务方自建小集群阶段。2012 年滴滴打车刚成立时，流量较少，无须架构，仅仅 2 台服务器就可以解决全部问题。

第二阶段，集中式大集群、平台化阶段。随着业务量的激增，网络、存储的瓶颈促使滴滴进入云数据管理阶段。2014 年初，滴滴的"补贴大战"第一次发现了自身在性能上的瓶颈，滴滴的订单量在一周内增加了 50 倍，但网络、存储和其他故障不断，Webserver 和 MySQL 也频频出现问题，团队面临巨大的挑战。而且，依靠传统采购机器来实现拓展，根本无法满足业务需要。滴滴最终决定整体迁移至腾讯云。这是面对高并发和海量数据的挑战时，滴滴架构的第一次重大调整。[6]

第三阶段，SQL 化阶段。2018 年滴滴启动了 StreamSQL 建设项目，通过 SQL 化可以大幅度降低业务方开发流计算的难度，业务方不再需要学习 Java 或 Scala，也不需要理解引擎执行细节及各类参数调优。滴滴相应开发了 StreamSQL IDE，实现 Web 上开发 StreamSQL，同时提供了语法检测、DEBUG、诊断等能力。

滴滴通过应用 StreamSQL 使流式计算开发成本大幅降低。预期未来将承担 80% 的流式计算业务量。未来将进一步拓展 StreamSQL，并在批流统一、IoT、实时机器学习等领域探索和建设。[5]

2. 滴滴 DB 架构介绍

滴滴主要使用的数据库是 MySQL。DB 服务器大致有 3000~4000 台。图 9.7 是滴滴 DB 的架构图，最上面是 TGWLVS。滴滴通过 TGW LVS 进行外网收敛，实现了"万台服务器一人挑"。

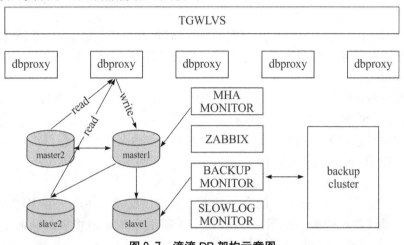

图 9.7　滴滴 DB 架构示意图

（1）接入层 TGW

腾讯的网关系统（Tencent GateWay，简称 TGW）是一套实现多网统一接入、外网网络请求转发、支持自动负载均衡的系统。TGW 为开发人员免费提供服务，可直接接入基于 HTTP 协议的应用，只需进行少量改造即可快速接入基于其他私有协议的应用。TGW 自动执行域名解析，一旦应用连接到 TGW，即可使用域名来对外提供服务，以及接入电信、联通、移动三网。此外，TGW 支持后端带权重的负载均衡，并且应用无须关注负载平衡。

TGW 具有低成本、高价值、优服务的优势：

极大地降低了成本。TGW 大量节省 Real Server 上的外网 IP，收敛比为30：1，原本要 30 个外网 IP 服务器才能支撑的应用，接入 TGW 后只需 1 个外网 IP 服务器，因此节省了申请带外网 IP 机器的成本。

统一接入，多网合一。TGW 适用所有外网访问请求，业务接入 TGW 后即默认具备电信、联通、移动三网接入能力。业务接入 TGW 简单迅速，基于HTTP 协议的应用不用改造，其他私有协议的应用只需进行少量代码改造。除此之外，还能解决电信、联通用户访问延时长的问题。

更优的接入层负载均衡。TGW 是一个替代现有 LVS 和 QHTTPD 的接入层负载均衡方案，具有动态负载均衡、系统监控、容灾切换、告警通知、平滑扩容、安全备份等特性。

更安全。接入服务器去掉外网之后，不会直接受到攻击，提高了服务器的安全性。

由于 TGW 自身服务器具备专业的网络防御能力，并减少了业务服务器暴露在外网的 IP 数量，因此能有效防范业务服务器遭受外网攻击。

（2）代理层 dbproxy

dbproxy 为客户端和数据库端之间的中间代理程序，它负责检测分析、过滤请求以及服务器负载和读写分离等，避免 MYSQL 单点失效和压力骤增而引起的宕机。

dbproxy 相当于一个入口，连接应用，它是分布式的，因此每台上都会有自己的原始配置，所有访问 DB 的流量都要经过 dbproxy，dbproxy 会记录正常的访问日志，还有一些错误日志，例如没有加白名单或者是 SQL 语法错误等都会在 dbproxy 被拦截，产生错误日志。

（3）MySQL 层

代理层下面是 MySQL 的主从关系，一般情况是一主、一备主和一个从库，如果读取操作多，QPS 会比较高，从库也会相应地增多。同时还要有 MySQL 的监控来应对主库的异常情况。

3. 滴滴平台数据自动化运维

大数据的快速发展加速了技术变革，使得数据归集更加自动化、准确化和及时化。同时又对公共信用信息数据归集提出了新的发展要求。为适应大数据的背景，必须建立科学的信用信息归集机制，实现静态的信用主体基础信息与动态的各类监管执法信息相互关联、有机统一，以达到整合各类信息资源，消除"信息孤岛"，确保归集的数据完整、准确、及时。[7]

（二）滴滴平台大数据应用

1. 滴滴"交通大脑"项目

滴滴作为服务公众出行的企业拥有鲜活的出行数据，是基于移动数据分析交通问题的重要数据来源。因此，多个城市的交通部门与滴滴合作建设城市级"交通大脑"项目，进入城市交通管理"智慧＋"助力解决城市拥堵问题。

滴滴"交通大脑"是以云计算为基础，将出行大数据、人工智能和交通工程紧密结合的科技成果。滴滴"交通大脑"将融合滴滴出行、政府和其他行业等各方能力，运用人工智能等分析处理方法，为城市提供交通管理整体解决方案。

2018 年 12 月 26 日，济南举办了城市交通管理"智慧＋"发展论坛暨济南"交通大脑"正式启用仪式。济南"交通大脑"是滴滴第一个城市级"交通大脑"项目，这标志着由滴滴牵头建设的"城市大脑"已经从研究实验进入到了实战应用阶段。

滴滴出行大数据为解决城市拥堵问题提供了数据支持和参考。根据滴滴出行的数据，计算出 2018 年第一季度全国主要城市的交通运行指数和车辆平均

速度，如表 9.1 所示。结果表明，西安全天交通运行指数为 1.620，**拥堵状况**
居全国首位；哈尔滨、长春、重庆、呼和浩特、沈阳、南京、成都、合肥、北
京等城市也位列前十位。

　　以 2017 年第四季度数据为基准，滴滴计算 2018 年第一季度的排名、交通
运行指数与平均速度的相对变化得出结论：北京、上海、广州、深圳四个一线
城市的排名下降，西安、长春、重庆、沈阳、南京、合肥、武汉、长沙等二线
城市排名上升，这跟交通运行指数成正比例关系。

表 9.1　2018 年第一季度城市交通运行指数和车辆平均速度

城市名称	排名	交通运行指数	平均速度（km/h）
西安	1 ↑	1.620（↓0.1%）	33.37（↑0.8%）
哈尔滨	2 ↓	1.603（↓6.3%）	34.00（↑6.9%）
长春	3 ↑	1.559（↓1.8%）	35.66（↑2.4%）
重庆	4 ↑	1.533（↓3.2%）	37.25（↑4.7%）
呼和浩特	5 ↓	1.517（↓5.1%）	37.04（↑5.7%）
沈阳	6 ↑	1.506（↓0.7%）	36.76（↑1.5%）
南京	7 ↑	1.504（↑3.6%）	39.58（↓1.8%）
成都	8 ↓	1.503（↓2.5%）	36.77（↑3.4%）
合肥	9 ↑	1.503（↑1.5%）	37.77（↓0.6%）
北京	10 ↓	1.498（↓5.9%）	37.84（↑6.8%）
武汉	11 ↑	1.491（↓0.5%）	35.63（↑1.4%）
济南	12 ↓	1.488（↓1.2%）	39.47（↑1.5%）
长沙	13 ↑	1.478（↓0.6%）	36.64（↑1.8%）

2. 滴滴"互联网＋信号灯"项目

　　城市交通红绿灯还没有"智能化"，无法根据道路的实时情况及时调控。滴滴智慧交通
针对这个问题特别立项——"互联网＋信号灯"项目，并且已经在济南等城市落地。除了
利用传统的智能信号灯的数据采集设备，滴滴的"互联网＋信号灯"还融合了海量的互联
网轨迹数据和先进算法，能更精准地评估区域实时车流量，实现信号灯的智能控制，提升
信号灯的运行效率。有一组监测数据显示，仅仅用数据优化了 6 个红绿灯，就可以令交通
效率提高约 10%，不要小看这 10% 的提升，在全球各大城市的拥堵难题下，10% 的提升可
谓是巨大的进步。滴滴已经与成都、深圳、南京、沈阳、武汉、贵阳等多个城市达成战略
合作，滴滴通过与地方政府的合作，将这些大数据"金矿"分享给交通管理部门，从而更
好地为大众出行提供便利。[8]

3. 滴滴大数据匹配司乘需求信息

　　滴滴大数据的应用最为实际的是匹配司乘信息。滴滴司机可以利用滴滴大数据热力图
查看乘客位置。热力图是滴滴基于大数据专门为平台上的司机研发的，通过热力图可以明

确看到城市的哪些区域用车需求高，他们去到这个区域，既能解决城市区域用车需求，也能提高自己的收入。

第三节　单车共享平台数据管理策略

共享单车的实现并不复杂，其实质是一个典型的"物联网＋互联网"应用。应用的一边是车（物）、另一边是用户（人），通过云端的控制来向用户提供单车租赁服务。

一、共享单车的"云端应用"

（一）云计算基础平台

用于共享单车的云端应用是一个建立在云计算之上的大规模双向实时应用，如图9.8。云计算能保证共享单车应用的快速部署和高扩展性，同时能应付大规模高并发场景，满足百万级数量的连接需要。[9]

（二）数据资产

云端应用需要收集、存储和管理两种关键数据：一是单车数据，这是基于物联网特性的资产数据，包括单车的通信连接状态、车锁状态、使用记录等。单车数据通过智能锁通信模块和 SIM 卡，经电信运营商的网络和运营商的物联网平台，上传到共享单车的服务平台。二是基于互联网特性的用户数据，除了包括用户的基本信息，如消费记录、用户账户和征信信息等，还包括用户的行为数据，如骑行的路径和位置信息等。共享单车是"物联网＋互联网"应用，因此企业资产和用户数据是共享单车企业的关键资产。

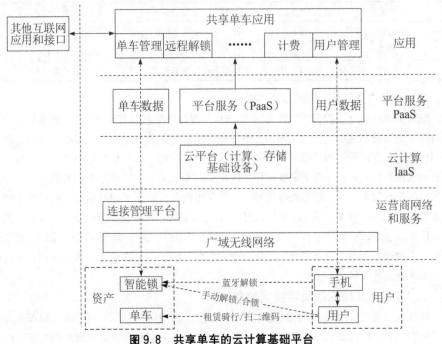

图9.8　共享单车的云计算基础平台

（三）平台服务

共享单车一方面涉及大规模物联网数据和用户数据管理，另一方面要随时跟进用户需求以开发和优化功能，所以应用之下会先构建平台服务（PaaS），配备平台服务层。一方面能使应用承载百万量级的高并发数据流，另一方面又能做到资源和能力的动态调配以及灵活的功能开发。

例如，摩拜不仅使用了微软的基础云服务（Azure），还使用了微软的平台服务（PaaS），包括物"Azure－Iot"平台服务、Dynamics、CRM、客户关系管理服务以及基于机器学习的预测分析功能等。

二、共享单车管理解决方案与技术支持

共享单车利用"技术应用＋人工管理"双管齐下的管理模式来管控共享单车，通过划分公共停车位置，引导用户把车停到指定的画线停车区域位置。协助政府管控共享单车，助力共享单车良性发展，加速智慧城市建设。

管控好共享单车要从三个方面出发：

第一，共享单车企业需要控制单车的投放数量，规范共享单车用户行为，设立禁停区。

第二，建立联合管理机制，接入第三方管理平台，设立共享单车电子围栏。

第三，政府部门应严格管控各共享单车企业的单车总量，并设立可（禁）停车位、可（禁）投放指引。

为满足上述管理需要，"有桩＋电子围栏"已是管理共享单车的最佳方式。有桩是城市单车的原始模式，电子围栏是通过物联网芯片传输信号覆盖技术。这两种方式让共享单车的管理更加规范与便利。

三、共享单车城市慢行交通大数据应用

2018 年 ofo 小黄车发布自主研发的"奇点城市慢行交通大数据平台"。该平台将向全国城市政府管理部门开放。

作为用人工智能建设的共享单车行业大数据平台，该平台以"人、车、地点"为核心，连接了 ofo 在全球超过 250 个城市的 1000 万辆单车及 2 亿用户。平台投入使用后，可以完成每辆单车的信息共享，政府管理部门可以实时查看到城市每一个角落当前的车辆数量和流动状态，企业也可以实现更加精准的投放和调度。[10]

针对城市部分热点区域车辆堆积等情况，该平台还可以自动管控车辆。在实时掌握车辆位置的前提下，平台可智能计算当前区域中最合适的车辆总数，如果车辆总数超过正常值，系统将自动发送信息预警，并直接向线下运维师傅发送调度指令，比人工调度更为快速高效。

第四节　充电桩共享服务平台数据管理策略

一、设计思路

该平台采用成熟可靠的云计算平台支持公有云、混合云和专有云等多种部署方式，提供多种数据和支持，并提供多种安全保护技术，如 Ddos 攻击防护等，对云主机和云服务提供实时监控。[11]

（一）架构思路

架构系统由数据接入层、数据处理层、分布式数据库层、数据统计分析层、业务逻辑层、表现层、软件系统管理层和云平台层等部分组成。

数据接入层：需要网关的分布式部署，可以采用云端的 SLB 服务，以实现数据接入的动态可扩展和访问服务的稳定运行。

数据处理层：解密和分析接收到的数据，对数据做容错和防错的处理。

分布式数据库层：采用表格存储数据库、RDS 关系数据库和 Redis 内存数据库集群，使用 DRDS 分布式数据库服务。

数据统计分析层：实时或定期对充电桩数据、档案数据或日志数据等进行统计分析。

业务逻辑层：包括充电桩档案管理、报警管理、报表管理和错误信息处理等业务功能。

表现层：基于浏览器实现基础信息展示、运维管理、报警处理和统计分析结果等其他功能界面。

软件系统管理层：包括用户管理、权限管理、部门管理和安全管理。日志系统包括系统运行日志、用户操作日志和充电桩数据日志的收集、存储、清洗和分析工作。

云平台层：包括云主机、云服务产品和云安全产品等。

（二）架构说明

为了实现高并发的充电桩接入能力，本架构使用云服务（包括 IaaS 和 PaaS），以实现平台的可高用和易扩展优势。使用消息队列或对外接口的方式与大数据平台紧密连接。

扩展性分为性能扩展和存储扩展。性能扩展，即平台采用基于公有云的分布式服务框架，可以快速地根据业务量进行服务的平行扩展。存储扩展，即平台采用基于公有云的分布式数据库服务，可以根据数据存储的要求达到容量的动态扩展。

数据管理，通过与大数据平台对接可使用直接消费消息队列的方式和第三方接口的方式，实现数据的高效处理，并防止数据丢失。利用表格存储数据库的特性，将数据分为热数据和冷数据，以实现数据的分层，并借助配置足够的数据库容量实现存储 3 个月数据的需求。实时、历史、报警、报表等数据，根据数据的类型存入相应的数据库中，同时设置主键进行关联，使其易于导出。对外接口服务可以依据需求调用数据，提供给第三方。

数据接口，分布式接口服务可以为许多接口调用提供良好的服务性能。使用标准的 RESTFul 接口提供数据连接，该接口采用 RSA 加密来加密数据。

（三）系统功能

系统功能包括档案管理、实时监控、报警管理、远程控制、订单管理、报表管理和用户管理（图 9.9）。

档案管理：使用关系数据库存储档案数据，并使用外键关联相关表。为了提高系统效率，尽量减少使用关系数据库的频率，可将相关数据的索引存储在 Redis 内存数据库中。

实时监控：根据索引，可以调用多数据源数据的组合来获取需要在页面上展示的数据。采用从 Redis 中调用的方式以提高页面的响应速度。

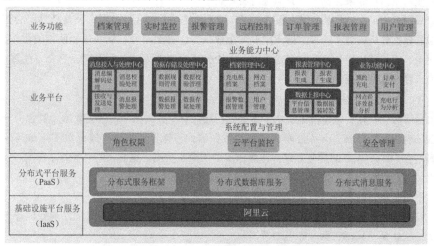

图 9.9　Web 管理平台功能模块

报警管理：实时报警信息存储于 Redis 和关系库中，历史报警信息存储于表格存储中。报警完成后，从关系库同步到表格存储中。

远程控制：由用户管理模块为用户分配远程控制特权。用户在使用远程控制时，需输入密码再次保护。通过云端消息队列发往充电桩的控制指令，确保在充电桩网络出现问题时，下发指令不会丢失并及时补发。数据接口使用 SSL 通道和 RSA 数据加密的方式，为第三方应用提供了接口调用。管理控制流程是基于公共服务的强大服务性能和应用系统的微服务架构，记录所有消息和处理逻辑日志，包括从控制指令下发到充电桩应答成功等环节，使得控制命令的即时性可以满足系统要求。

订单管理：对从预约开始到支付完成的所有状态进行管理并进行统计。

报表管理：基于统计分析模块或大数据平台的 spark 算法，利用第三方主流的前端控件高效地呈现统计分析结果。统计分析数据提供 Web 端导出功能和对外的加密数据接口。对于实时数据的统计分析可以根据需求，使用定时任务的方法。统计分析的结果由邮件服务器或第三方短信接口进行发送。

用户管理：利用关系数据库创建用户、角色、权限、资源、部门表，并进行外键关联。用户管理功能可以实现用户建立、所属部门、角色建立、权限分配等功能。

二、存储系统设计

（一）基本设计思路

根据存储系统的建设需求，在云存储平台，利用最新的分布式数据库服务来创建公共信息服务平台的存储平台。

基于分布式服务，采用关系型数据库 RDS 用于存储系统的静态数据和相关的业务数据；使用表格存储来存储大量充电桩的实时数据。

采用 Redis 内存数据库作为系统缓存，用于存储在系统运行过程中公共且常用的数据。考虑到数据分析的效率，在数据库中添加企业编号、桩型编号、桩编号和区域编号作为索引字段。为了避免单个表的数据量过大，采用分库分表的方式进行存储，且每月生成一个新表来存储实时数据。

（二）设计优点

分库分表：在后端将数据表水平拆分到后端的每个数据库中，这些数据库被称为分库，对应的表被称为分表。由各分库负责每份数据的读写操作，从而有效分散了总访问压力。多种适合 OLTP 业务的拆分方案，让操作集中于少量数据，提高了操作效率，利用分布式特性，并行操作选项，超过了单机关系型数据库的操作响应时间。

平滑扩容：静默完成数据库存储扩容而不影响业务。

读写分离：通过添加只读实例线性提升数据库读能力，帮助用户处理好事务、备机挂、强制走主实例或只读实例等各项细节。

冷热数据：利用云平台表格存储特性，将三个月以上的数据转为冷数据，并压缩处理数据。统计分析数据可作为热数据保存更长时间。

三、备份恢复设计

为了保障数据的可靠性和安全性，预防灾难发生后造成的数据丢失和系统问题，这里可以采用云平台"多可用区域云服务和数据库跨区域数据容灾"的方式。

这种容灾恢复的方式是指利用技术、管理手段和相关资源确保已建立的关键数据、关键数据处理系统和关键业务数据得以备份在与源数据不同的位置，并在灾难发生后可以恢复的过程。

（一）多可用区实例

利用云平台提供的跨区域云服务，每个区域都包含多个可用区。同一区域中的可用区都被设计为相互间网络延迟很小（3 ms 以内），并且彼此间故障隔离的单元。

云平台数据库服务单个可用区主实例运行在同一可用区下的两台物理服务器上，可用区中的机柜、空调、电路和网络具有冗余性。通过异步或半同步的数据复制方式和高效的 HA 切换机制，它为用户提供的数据库可用性高于物理服务器极限。

为了提供比单可用区实例更高的可用性，支持多可用区实例（也叫做同城双机房或者同城容灾实例）。多可用区实例将物理服务器部署在不同的可用区中，当一个可用区 A 发生故障时，可在短时间内将流量切换到另一个可用区 B。整个切换过程对用户是透明的，而且不需要更改应用代码。

（二）跨域容灾实例

云平台数据库服务多可用区实例的容灾能力仅限于同一地区的不同可用区。为了提供更高的可用性，还支持跨区域的数据容灾。用户可以通过数据传输将区域 A 的实例 a 异步复制到区域 B 的实例 b（实例 b 是拥有独立连接地址、账号和权限的完整独立的实例）。

配置了跨域容灾实例后，当实例 a 所在区域发生短期不可恢复的重大故障时，用户可以随时在另一区域的实例 b 进行容灾切换。切换完成后，用户可以通过修改应用程序中的数据库连接配置，将应用请求转移到实例 b，从而获得高于地理权限的数据库可用性。

（三）备份恢复策略

平台拥有很多关键应用系统，数据构成了应用系统中最重要的信息资产，所以，一定要建立相应的备份和灾难后快速恢复机制，以保证重要业务的连续性。

项目利用多可用区实例方式实现系统数据备份和恢复的方式来解决该问题。可用区 A 和可用区 B 在同一区域作为生产级平台，当用户访问的时候随机访问到 A 或 B，A 和 B 会同步做数据复制，保证数据的一致性。

通过异步复制的方式将数据备份到可用区 B 中的数据库，由于网络通信延迟，在正常情况下，备份数据库不提供外部数据服务，仅仅用作备份数据库。当可用区 A 中发生重大的短期不可恢复的故障时，用户在可用区 B 的实例随时可以进行容灾切换。切换完成后，用户可以通过修改应用程序中的数据库连接配置，将应用程序请求转移到可用区 B 实例，然后获得数据库的可用性。[11]

参考文献

[1] 陈小红. 企业信息资源微观优化模式创新研究 [J]. 技术经济与管理研究，2010（6）：50 - 53.

[2] https：//blog. csdn. net/zjcjava/article/details/71270407

[3] https：//juejin. im/post/5dd1ffb3518825462376ad1a

[4] 贺梅，程维. 滴滴出行王国的缔造者 [J]. 现代青年，2016（11）：48 - 51.

[5] https：//juejin. im/post/6844903826441371661

[6] http：//cloudgo. cnw. com. cn/cloud－computing/htm2015/20150812_322071. shtml

[7] 蒋美玲，王芹. 大数据时代公共信用信息数据归集的原则与策略——基于苏州市的分析 [J]. 电子政务，2018（6）：99 - 104.

[8] http：//www. icpcw. com/Information/Tech/News/3292/329257. htm

[9] 王一鸣. 共享单车"云管端"技术架构深度解析 [N]. 人民邮电报，2017 - 12 - 14（8）.

[10] http：//news. eastday. com/w/20180118/u1ai11154027. html

[11] 史宏杰，朱永亮. 充电桩共享服务平台技术架构设计 [J]. 时代汽车，2019（1）：92 - 95.

第十章　共享经济平台运营中的
法律、道德与社会问题

　　共享经济时代，利用互联网企业可以整合更多的资源，这使得许多产品、服务需要进行线上与线下的结合。然而，将传统的线下法律条文，应用于线上业务时却极容易出现水土不服，难以适应线上业务的发展需要。出现了诸如"平台责任界定不清、诚信体系不健全、先行赔付机制缺乏"等问题，共享经济平台的用户也面临着"监管难、取证难、维权难"的困扰。唯有解决这些问题，才能确保共享经济在未来的健康、持续发展。

第一节　共享经济平台运营中的法律问题

　　共享经济作为新生事物，发展迅速，导致当前的法律法规跟不上实践发展，再加上共享经济辐射区域广泛、涉及众多行业，即便对现有法律法规进行修订，也难以在短期内完成。因而，必然存在无法满足共享经济发展需要的法律问题。

一、共享经济模式的法律结构关系分析

（一）中介型共享经济模式的法律结构关系

　　中介型共享经济模式的典型代表如滴滴、Airbnb 等，这些共享经济平台不拥有资源，只做中介撮合供需双方，属于轻资产模式。中介型共享经济模式的法律结构关系中主要包含三方主体，即平台方、资源提供方、资源需求方。在平台的撮合下供需双方会形成大量不同组合并结成不同法律关系和权利义务关系。[1]

　　在平台撮合交易的共享经济模式中三方当事人至少存在两类合同。首先，闲置资源供需双方之间（两者是实际的交易关系）；平台和供给方之间（闲置资源供给方对平台有较强依赖性）。资源供给方通过平台获得客户并完成交易，平台承担了交易的日常运营与管理等服务，因此，资源供给方和平台间存在利益共享关系；而客户则利用平台的数据来搜寻、定位、匹配交易对象，进而完

成交易、实现消费。其次，三者间形成的两类合同关系：一类是供给方和需求方之间的服务合同；二是共享平台作为供需双方达成合意的媒介，平台将介入资源供给方和需求方之间，形成一种居间合同关系。

根据传统民商法理论（《合同法》第四百二十四条）定义的居间合同服务的特点：一是由居间人向一方委托人负责的单边市场服务合同模式；二是居间人获得的报酬，是居间人和委托人双方协商合意后的结果，居间人不可以单方决定交易价格。

但中介型共享经济模式下的平台与资源供需双方之间的合同关系是一种双边市场关系，其法律结构关系体现为双边代理关系，即共享经济平台需要向不特定的资源供需双方负责。这种双边代理的法律结构将存在供给方与平台、需求方与平台、供需双方之间的三种合同关系。在这种双边市场关系模式中，首先供给方委托平台寻找需求方，需求方委托平台为其提供资源供给方，这时不特定的供需双方都是作为相对方与平台公司发生关系的；在这种交易结构中平台方通过技术手段既要帮助供给方发现需求方，又要为需求方搜寻供给方。实践中，平台企业从资源供需双方的交易金额中按比例收取报酬，但它还通过与供需双方签订电子合同，要求各方都遵守与其达成的契约，接受其在电子合同中提出的所有条款。供需双方服务合同的缔结是以平台缔结的双方代理合同为前提的，并且接受平台方提出的各项条件：平台规定要接受并满足平台单方提供的合同中对交易标的物、交易价格、保险责任以及供给方身份相关证明等方面的条件；同样需求方想要获得平台服务也必须接受相应的合同条件，包括专门的处罚条款。因此，平台是以供需双方为相对人进行交易这种模式，不再是单纯的居间合同关系，而是构成了实质上的双方代理的法律结构关系。[1]

例如，某专车车主董先生，接了一个从济南到临沂的单子，到达目的地后，车费为 700 多元。两名乘客说到宾馆后再付钱，由于可以网络支付，董先生也没想太多，便开车返回了济南。结果自此之后就再也联系不到两名乘客了，寻找两名乘客无果后，董先生拨通了专车公司的客服电话。客服核实情况后告诉他，按照规定可以赔偿他 50% 的车费。

以上案例中涉及运输合同问题。运输合同为有偿、双务合同。运输合同成立后，当事人双方均负有义务，车主应当将乘客运送到目的地，乘客须向车主支付车费。如果车主已经履行了将乘客安全运输至目的地的义务，但乘客却没有支付车费，构成违约，应当承担违约责任。案例中的运输合同不同于一般的运输合同，车主与乘客通过第三方某专车公司取得了联系。由于运输合同为诺成性合同，故双方当事人协议一致即告成立。在车主无法向乘客索要车费的情况下，第三方平台应做出相应的赔偿。

（二）分时租赁型共享经济模式的法律结构关系

分时租赁型共享经济模式，如共享单车、共享汽车、共享充电宝等，此类共享经济模式拥有资源，向市场投放资源，分时收租金，属于重资产模式。分时租赁型共享经济模式的法律结构关系中主要包含两方主体：一是共享经济平台企业，这是经营方，也是资源供给方；二是用户，即租用者。分时租赁型与中介型共享经济模式的法律结构关系不同，中介型共享经济模式有三方主体，供给方、需求方、第三方平台，而分时租赁型只有用户与共享经济平台公司两方主体。以共享单车为例，首先，用户与共享单车公司之间按《合同法》第13章"租赁合同"的规定形成一种租赁合同关系（民事法律关系）。这里平台公司作为出租方，将符合约定用途的单车交付给用户使用，用户向其支付租金。

首先，两者之间存在合同关系。在合同关系存续期间，经营者有义务提供性能良好、符合安全标准的共享单车；用户依据合同条款可以合法使用共享单车并支付相应的费用。如果其中一方发生违约行为，则另一方可依法追究其违约责任。

其次，两者之间存在债权关系。经营者拥有共享单车的所有权，用户在使用过程中如发生故意损坏、私自占用等侵权行为，经营者有权对其进行追责，并要求赔偿；另外，如果经营者因企业倒闭而无法退回用户押金的，则用户有权依法追讨押金，并要求经营者进行相应的赔偿。[2]

例如，某一日，冯先生从地铁站出站后，通过手机扫码租用了一辆共享单车。在骑行不到 100 米处遇到下坡，因自行车刹车突然失灵，他连人带车失控摔倒，产生上下唇内外及面部挫裂伤，鼻梁骨折。冯先生将共享单车的运营公司投诉至法院，要求该公司赔偿医疗费、误工费、伤残赔偿金、后续治疗费、交通费、精神损害抚慰金等共 2 万元。

《合同法》第二百一十二条规定："租赁合同是出租人将租赁物交付承租人使用、收益，承租人支付租金的合同。"第二百二十条规定："出租人应当履行租赁物的维修义务，但当事人另有约定的除外。"出租方有义务向用户即承租人提供安全、合格的租赁物，并对破损的租赁物承担维修责任。如用户在骑行过程中因单车质量原因造成人身伤害，应由单车公司承担赔偿责任。[3] 因此，冯先生可依法向共享单车的运营公司索赔相关费用。

（三）共享经济模式中经营主体与外部其他主体间的法律结构关系

与政府间的关系。以共享单车为例，由于共享单车客观上承担了部分公共交通和公共服务的功能，其投放和使用直接涉及城市公共交通安全，并占用城市公共道路，政府对共享单车的经营者要进行引导和监管。因此，共享单车经营者与政府之间会形成行政法律关系。经营者依法进行申报，政府对企业资质、所提供车辆的安全性能等相关情况进行审核，通过后许可经营。另外，政府要加强对经营者的监督和管理，对其违法占道、乱停乱放等违规行为进行相应的行政处罚，责令整改或取消其经营许可。[2]

与竞争者间的关系。以 Airbnb 为代表的在线短租类共享经济平台企业与传统的酒店行业，以滴滴出行为代表的专车类共享经济平台企业与传统出租车行业，前者对后者形成了较大的冲击。这些共享经济平台从根本上改变了行业格局与消费模式，也改变了现有法规体系并带来法律风险。比如，依据国内《道路运输条例》，私家车从事运输经营活动是违法的，出租车公司亦提出共享交通机构处在不公平竞争地位。因此，实践中共享经济平台类企业时常遭到传统行业的强烈反对和排挤。[4]

二、共享经济模式中预付押金管理的法律挑战

（一）共享经济模式"一人一押"带来资金沉淀问题

据交通部数据统计，截至 2018 年 2 月，中国共有 77 家共享单车企业，累计投放 2300 万辆单车，注册用户 4 亿人。[5]按照 99～299 元押金收取标准，押金总额已经达到百亿规模。正如媒体报道的诸如江苏町町单车负责人携款"跑路"等事件，凸显了押金被挪用的现实危险。

共享单车属于分时租赁型共享经济，要求消费者预付押金。由于间断性租赁具有频次高、时间短的特点，新型押金模式中承租人通常不会在一次租赁之后立即要求退还押金，改变了传统押金的法律属性，带来了资金沉淀问题。资金沉淀引发安全隐患，押金保护诉求对传统法律制度提出挑战。

共享单车押金模式具有担保功能，但与传统担保合同不同。传统担保合同是租赁合同的从属合同，如果租赁关系终止，担保关系亦应终止。新型押金模式由一物一押变为一人一押，一份租赁物对应多个承租人预付的押金，形成"一份资产多份押金"的局面。这给承租人带来潜在风险：押金支付给出租人之后由出租人长期占有，资金产生沉淀；而且一份租赁物上吸纳的押金总额可能超过租赁物自身价值，沉淀的资金规模急剧扩张，易引发出租人挪用资金的风险。共享经济押金运作模式引发了公众担忧，也引发了关于是否应当对新型押金予以特殊规制的讨论。法律面对的挑战表现在两个方面：其一，在私法上，承租人押金返还请求权能否得到充分保障，特别是在企业破产时能否对押金实行破产取回；其二，在公法上，押金是否具有金融属性，出租人保管押金可否实施特殊的类金融规制。[6]

（二）"一人一押"在法律上存在涉众金融风险

类似共享汽车、共享单车等诸多的共享模式一般都需要用户事先缴纳一定额度的押金，才能享受服务。共享经济平台企业将押金作为解决信用难题的主要手段，2017年该行业累计押金总额已达上百亿元。单笔押金虽然数额不大，但由于巨大的用户基数，所涉金额庞大。这使得共享经济平台具有了类似第三方支付的涉众型、类金融风险，一旦出现平台企业倒闭，更甚者出现平台企业非法挪用、非法集资、金融诈骗等行为，必将危及广大共享经济平台用户的权益。2017年下半年，随着酷骑单车、悟空单车、町町单车、小蓝单车等企业纷纷停止运营或倒闭，用户的押金退还出现困难，涉及民众数百万、押金总额数十亿元。虽然根据《中华人民共和国电子商务法》第二十一条，电子商务经营者按照约定向消费者收取押金的，应当明示押金退还的方式、程序，不得对押金退还设置不合理条件。消费者申请退还押金，符合押金退还条件的，电子商务经营者应当及时退还。但押金"退还难、退还慢"等问题，引发公众对共享单车行业，乃至整个共享经济新业态的担忧。[6]

三、分时租赁型共享经济模式中公司财产权保护问题

（一）分时租赁型共享经济模式中平台共享资源的"公地悲剧"

分时租赁型共享经济模式中平台公司财产权保护问题成为困扰企业管理层的难题。特别是共享单车损毁率高，网络、报纸、电视也经常报道各大城市共享单车被人拆掉座板、拔掉气门芯、丢入河道等现象。根据第三方的数据统计，ofo共享单车损坏率高达39.3%，而它的同行摩拜损坏率为26.2%，高损坏率给共享单车企业带来极高的维修成本。共享单车作为一种准公共产品，时常陷入"公地悲剧"。其中原因是多方面的，一是共享单车不属于使用者。共享单车提供给用户的单车是企业的，不是用户自己的，真正爱惜共享单车的人没多少，因此，经常可以看到很多共享单车被乱停乱放，被恶意破坏。二是共享单车无秩序停放，共享单车企业难以建立良好的管理与运营秩序。三是过热的竞争导致了这种"准公共资源"的泛滥，形成了恶性竞争的局面。

（二）用户不当占用或恶意破坏

1. 不偷不盗，据为己有

为了能让自己有一辆专用的共享单车，有些用户不仅把单车骑入小区，停放到其他用户不易发现的角落，还通过加锁、破坏二维码（或车牌号）等方式使其他用户无法发现或无法正常使用该单车。

虽然这种用户在使用车辆时仍然与单车公司存在租赁关系，但其上锁行为排除了单车公司出租其他人的可能性，侵犯了公司的财产权，是一种民事侵

权行为。

2. 改头换面，占为己有

如果行为人通过破坏车锁、自行上锁，使用共享单车时不支付租金，甚至如成都犯罪嫌疑人吕某一样，将单车恶意拆毁改装，可以推定为行为人是非法占有，应当认定为"盗窃行为"，轻者行政处罚，重者构成犯罪。

《治安管理处罚法》第四十九条规定，盗窃、诈骗、哄抢、抢夺、敲诈勒索或者故意损毁公私财物的，处五日以上十日以下拘留，可以并处五百元以下罚款；情节较重的，处十日以上十五日以下拘留，可以并处一千元以下罚款。《中华人民共和国刑法修正案（八）》第三十九条规定："盗窃公私财物，数额较大的，或者多次盗窃、入户盗窃、携带凶器盗窃、扒窃的，处三年以下有期徒刑、拘役或者管制，并处或者单处罚金；数额巨大或者有其他严重情节的，处三年以上十年以下有期徒刑，并处罚金；数额特别巨大或者有其他特别严重情节的，处十年以上有期徒刑或者无期徒刑，并处罚金或者没收财产。"[7]

3. 道德缺失，恶意破坏

除了占为己有，有些人还对共享单车进行恶意破坏。2017 年元月，深圳蛇口湾厦山公园有大约 500 辆共享单车被堆放成两座两三米高的小山，令市民无法正常使用。包括小蓝单车、摩拜单车、ofo 单车在内的数百辆单车，被身份不明的人士恶意堆积。其中不少单车都有被人故意损坏的痕迹，部分单车车轮被压弯，部分则是刹车和车篮明显松动，还有一些堆积在最底下的单车已经严重变形。

这种故意破坏共享单车的行为涉嫌故意毁坏公私财物罪。根据《中华人民共和国刑法》第二百七十五条规定，故意毁坏公私财物，数额较大或者有其他严重情节的，处三年以下有期徒刑、拘役或者罚金；数额巨大或者有其他特别严重情节的，处三年以上七年以下有期徒刑。

四、共享经济平台的知识产权问题

知识产权制度通过设置使用权限，保护创新的方式推动了各行业的技术创新与发展。共享经济时代的分享模式则打破了这种使用权限，使得产权制度面临"应用难、保护难、维权难"的局面。

涉及知识产权较多的共享经济主要有三类，第一类是提供虚拟的内容，比如提供内容服务的喜马拉雅，提供医疗咨询服务的春雨科技等。第二类是资源对接平台等虚拟分享。如毕马威创新创业共享中心，致力于打造创投圈资源对接平台。第三类则为有形、可见的硬件设施，比如共享充电宝、共享单车等行业。[8]

共享经济中的知识产权问题，对于知识技能共享行业的影响最为显著。随着各类知识传播新载体的大量涌现，"知识产权"侵权问题十分严重。对于"知识"的版权界定相对模糊，保护力度也比较薄弱。如何做到最大限度地防止原创知识被抄袭传播，成为知识付费的主要瓶颈之一。因此，需要加强对共享经济发展涉及的专利、版权、商标等知识产权的保护、创造、运用和服务。

第二节　共享经济发展与道德自律

一、共享经济发展需要较高公共道德水平

共享经济发展需要较高的公共道德和信任环境，但现实中在共享经济发展中的不道德现象较为严重。例如，原本"随借随还"是共享单车的"卖点"，但一些道德水平低下的人肆意毁坏共享单车，共享单车被投入水中、刮花二维码、上私锁、零件被拆卸等现象各地都有发生，甚至有人将共享单车从楼上丢下，挂在高压线缆上，对居民的人身安全也造成了威胁。

共享出行方面，一方面有司机对乘客进行骚扰猥亵，乘客因取消订单或投诉遭司机报复；另一方面也存在司机遭遇恶意差评、恶意投诉、车费支付慢、随意取消订单等问题。

共享经济发展取决于公共道德水平。人们在不同场合（例如熟悉场景和陌生场景）表现出的道德素养不同。在熟悉场景下（例如家庭、社区或单位）使用共享物品时，人们大都会自觉爱护物品。但在陌生场景下，原先的私有物品转化为共享物品，使用者可能会不爱惜物品，或者为了不想与其他人争夺使用权而将物品据为己用。

可见，共享经济能否充分发挥优势、持续健康发展，在很大程度上取决于社会公共道德水平。社会公共道德水平越高，共享经济的优势就越明显。如果社会公共道德水平不够高，不仅共享经济的优势难以体现，还可能产生额外的资源浪费及社会损失，并付出一定的社会管理监督成本。[9]

二、建立网络平台信用评价机制

传统上，契约是商业交易中最重要的法律制度。但随着互联网时代的到来，传统的契约交易受到挑战。虽然合法的电子证据具有证明力，但由于取证比较困难，诉讼成本高，通过诉讼解决电子商务纠纷在客观上困难重重。

共享经济需要陌生人之间的相互信任。普华永道会计师事务所对共享经济的调研报告显示，信任是发展共享经济的核心，没有信任就没有共享经济。共

享奉行的是互帮互助的文化理念，它需要人们彼此间的信任和互动参与，不断强化个体之间的分享、合作、社交和忠诚度。Freecycle 的创始人德容·比尔认为，共享社群把人们的信任价值发挥出来，这样的组织呈现了人性善和人文情怀的一面。共享经济是基于陌生社群成员之间彼此的信任而发展起来的商业模式，网络平台通过内部监督为参与者搭建了信用评价体系，信誉成为网络平台运作的基础，失信者将被驱逐而丧失参与资格。传统的商业交易只是双方各取所需，而在共享的社会里，陌生人之间的信任需要信誉资产的建构，营造可信任的道德环境。不诚实的行为将会受到严厉而又及时的惩罚，即会损失信誉和社会经济价值，而诚实地共享和合作将会带来巨大回报。互动越频繁，越需要信任；越诚实守信，交际越广，就会赢得越多的信赖。正因为现在每个人都能彼此了解，所以那些真正赢得声誉的人，就是那些被他人信任的人。[10]

三、共享经济平台信用评价机制

共享经济平台可以通过建立内部的信用评价机制来约束供给方和需求方。

首先，可以通过缴纳保险金或保证金来构建信用机制。为了消除需求方的道德风险，共享经济平台会向供给方提供最优保障机制，例如，需求方向平台交纳保险金或保证金，以确保共享物品受到损害时能得到赔偿。

其次，会员制也是一种信用机制，强化会员管理将讲信用的参与者接纳作为会员，激励供需双方诚实守信，如果违规，则可能被逐出共享网络平台社群。

其三，建立合理的信用评价机制。共享经济平台可以为每个账户建立"信誉银行"，每个人在互联网上的足迹或是行为都储存在网络社群的"信誉银行"中，而这些信用完全来自客户端的评价，较高的信誉度更容易被平台推荐，从而获得更高的排位和曝光率，让新的交易更容易达成。信用评价系统可确保交易更透明、更安全，例如有的共享经济平台采用"推荐机制＋评分系统＋背景验证"来保证信任体制建立；有的采用"会员机制＋评价机制＋安全机制＋保险机制＋法律保障机制"来保障信任体系的建立。另外，经济杠杆奖惩、接受投诉举报、公开公平的推荐或告示等，对建立共享经济信任环境均具有重要的意义。接受投诉举报机制可让交易双方之间的纠纷基本上能在共享经济平台上得到解决。

当然，平台公司自身的信用是基础，因为交易规则、交易程序、交易争议的处理结果都是基于对平台公司的信任，供需双方的信任也是源于平台公司自身的信用。在共享经济发展前期，政府对互联网平台的监督不尽完善，网络平台对当事人评价的客观性难以鉴别，最终可能产生道德风险，导致信用评价体制"失信"。为了维持高信用，要求平台方不应滥用信用评价权。如买方可能以差评作为交易条件，要求卖方给予优惠，或平台因信息掌握不足而做出错误判断，导致买方对交易结果不满意而做出不客观的评价等。另外不能进行虚假信用评价。这主要是指当事人为了获得好评，可能通过虚假交易或通过刷单进行虚假评价，或通过贿赂买方修改和消除不利评价等。

第三节　共享经济平台运营中的社会问题

一、城市管理面临新的挑战

随着共享经济的快速发展，新的共享模式的不断出现，这对城市管理提出了新的要求。由于原有的城市规划、配套设施、管理方式以及共享资源投放等多种原因，一些新的共享业态与城市管理方式之间的矛盾日益凸显。例如，共享单车平台为了迅速抢占市场，短期内投放单车量巨增，甚至超出城市可承受范围，再加上现有城市规划中慢行交通系统规划建设不成熟、智能化管理水平不高，以及用户自觉有序停放意识弱等原因，导致车辆乱停、乱放问题严重。在共享汽车领域，城市规划前瞻性不足导致公共停车位、公共充电桩等配套设施难以满足市场需求，繁琐的审批程序导致平台企业自建电站的周期长、成本高，使得汽车共享难以在城市快速普及。在生活服务领域，快递外卖、上门取送件、共享停车位等新业态离不开线下场景的开放，如何把握新业态培育和城市综合治理的平衡点，正考验着城市管理者的智慧。[11]

二、新业态与传统属地管理之间的矛盾

共享经济时代，"一个平台、服务全国"的运营特点与传统的属地管理制度之间的冲突日益凸显。传统监管体系强调属地管理、行业管理、科层管理，与共享经济的跨区域、跨部门、跨行业等发展实践的现实需求不匹配，因此，传统监管模式下条块分割的治理组织架构亟需优化。[12]

例如网约车管理，目前各地出台的网约车管理措施基本都延续了传统出租车的管理办法，所有的网约车平台企业都要适应出租车的属地管理要求，要求在本地设立分公司并取得行政许可。以滴滴出行为例，要获得全国 300 多个地级市的行政许可，需要携带几乎相同的材料跑遍这些城市，因材料中包含营业执照、法人身份证、线上能力认证函和公章的原件，又不能异地同步办理，即使马不停蹄地逐个城市递送材料，300 多个地级市至少需要 3 年才能办完，若全国 2800 多个县级单位也要求办证，周期可能长达 20 多年。其他服务共享领

域也存在地方政府强制要求平台企业建立分公司的情况，一些城市尚不具备在线办理条件，需要企业跑遍工商、税务、社保、安监等多个部门，程序繁琐，企业合规成本极高。如何打破属地管理制度对共享经济业态发展的桎梏，显得尤为重要。[13]

三、信息泄露与隐私权受侵犯问题

共享经济的广泛普及，为人们的工作、生活带来极大便利的同时，也引发了诸如个人信息安全、隐私安全等问题。共享经济所涉及的面很广，除了共享单车、网约车、充电宝，甚至就连篮球、雨伞都有共享商业模式的设计与应用，但平台方或运营方是否有足够的安全措施来保证用户的信息安全还是未知的。对于共享经济企业来说，用户数据采集是必不可少的，这也就出现了用户隐私保护等问题，人们的隐私保护与信息安全面临着巨大挑战。

无论是用户还是服务提供者，在共享经济平台进行注册时，大多都需要绑定身份证、银行卡进行实名认证。随着各个共享经济平台的发展壮大，平台企业会收集到越来越多的用户个人信息，继而积累起大量的关于用户的日常行为数据。

另外，共享经济平台都设计了围绕用户的线上社交功能，例如，顺风车社交功能上线之初，评论区存在很多并不恰当的评价在一定程度上暴露了车主和乘客的信息。民宿共享平台 Airbnb 的房东在分享房屋时也要提供身份证、护照、社会保障号码、电话等常规信息，还要提供社交媒体信息。交易结束后，评价又会二次曝光双方的相关信息。这些超出交易之外的信息，让隐私成为一种"货币"，甚至给交易双方的人身财产安全埋下隐患。[14]这些反映用户隐私的重要信息一旦被泄露，或被不法分子利用，必将威胁到用户的各项权益，严重的甚至会危及人身财产安全。

滴滴在顺风车业务的引导页面上，希望用户填写更详细的个人资料，包括年龄段和职业。但滴滴并没有向用户明示，顺风车司机在接单时，是可以看到这些信息的。而实际上，这些信息未经乘客同意，已经"报"给了顺风车司机。更令人不解的是，行程结束后司机还可以对乘客进行评价，评价内容可以留言，也可以从滴滴设置的"标准选项"中选，其中就有"颜值爆表""声音甜美"等对乘客容貌的描述。因此，把乘客变成了"透明人"，让司机有了更大的选择余地，即便是顺路，仍然可以"人多不拉""长得丑不拉"。这不但拉低了司机的职业道德，还可能引发司机载客动机不纯，年轻貌美的乘客抢着拉，甚至可以绕道"专程"接送。顺风车变了味，对被选中的乘客特别是漂亮姑娘来说，危险系数明显增加。[15]

　　国家发改委印发了《关于促进分享经济发展的指导性意见》（2017/1245号），强调依法严惩分享经济企业泄露和滥用用户个人信息等损害消费者权益的行为。《意见》要求企业平台建立健全消费者投诉和纠纷解决机制，鼓励行业组织依法合规探索设立分享经济用户投诉和维权的第三方平台。依法严厉打击泄露和滥用用户个人信息等损害消费者权益的行为。加强对分享经济发展涉及的专利、版权、商标等知识产权的保护、创造、运用和服务。另外，2017年中国颁布的《网络安全法》，也对加强个人信息保护等提出了具体要求，对共享经济平台企业的行为提出了明确规定，在具体落实上还需各方共同努力。

参考文献

[1] 田明远. 共享经济模式的法律问题研究 [D]. 长春：吉林大学，2016.

[2] 吕晨. 探究由共享单车所引发的法律关系 [J]. 丝路视野，2017（36）：79.

[3] https：//chuansongme. com/n/1960793253617

[4] 郑联盛. 共享经济：本质、机制、模式与风险 [J]. 国际经济评论，2017（6）：45-69.

[5] 张畅. 共享单车押金监管政策初定 [N]. 北京商报，2018-02-08.

[6] 苏盼. 共享经济预付押金模式的法律挑战与应对 [J]. 武汉大学学报（哲学社会科学版），2018，71（6）：161-168.

[7] 段惠民. 论盗窃罪新增罪状的认定——以刑法修正案（八）为视角 [D]. 长春：吉林大学，2014.

[8] https：//cj. sina. com. cn/article/detail/5972933655/262717？cid=76478

[9] 金碚. 共享经济发展取决于公共道德水平 [N]. 企业家日报，2017-12-20（1）.

[10] 董成惠. 共享经济：理论与现实 [J]. 广东财经大学学报，2016，31（5）：4-15.

[11] 郭文琳. 鼓励创新 多方共治 推动我国共享经济健康发展 [J]. 发展研究，2019（7）：41-50.

[12] 于凤霞. 共享经济：从政府监管走向协同治理 [N]. 中国经济时报，2018-08-23（5）.

[13] 于凤霞，高太山，李红升. 共享经济与中国服务业转型发展研究 [J]. 东北财经大学学报，2019（6）：25-31.

[14] 相欣. 共享经济败局启示录 [J]. 商业观察，2019（C1）：57-59.

[15] http：//yn. people. com. cn/n2/2018/0513/c378440-31571260. html